国家社科基金一般项目（批准号11BMZ003）结项成果
中共成都市委党校、成都行政学院、成都市社会主义学院
资助出版

新一轮西部大开发中的法治建设研究

薛成有 著

中国社会科学出版社

图书在版编目(CIP)数据

新一轮西部大开发中的法治建设研究 / 薛成有著.—北京：中国社会科学出版社，2017.10

ISBN 978-7-5203-1378-0

Ⅰ.①新… Ⅱ.①薛… Ⅲ.①西部经济-区域开发-法律-研究-中国 Ⅳ.①D927.04

中国版本图书馆 CIP 数据核字(2017)第 273227 号

出 版 人	赵剑英
责任编辑	梁剑琴
责任校对	沈丁晨
责任印制	李寡寡

出　　版	中国社会科学出版社
社　　址	北京鼓楼西大街甲 158 号
邮　　编	100720
网　　址	http://www.csspw.cn
发 行 部	010-84083685
门 市 部	010-84029450
经　　销	新华书店及其他书店

印刷装订	北京君升印刷有限公司
版　　次	2017 年 10 月第 1 版
印　　次	2017 年 10 月第 1 次印刷

开　　本	710×1000　1/16
印　　张	11.5
插　　页	2
字　　数	205 千字
定　　价	48.00 元

凡购买中国社会科学出版社图书，如有质量问题请与本社营销中心联系调换
电话：010-84083683

目　录

第一章

新一轮西部大开发法治建设总论

第一节　新一轮西部大开发战略概述

一　西部大开发区域

西部，是和东部相对应的地区。在我国，按东西方向将国土划分为东部、西部和中部地区。中国西部地区包括西南和西北，位于亚欧大陆东部。西部地区地域辽阔，除四川盆地和关中平原等地区自然条件优越外，其余大部分地区自然条件差，居住人口少，经济发展水平滞后，亟待开发建设。全国需要脱贫的地区和人口主要分布在西部。

将我国划分为东部、中部、西部三个地区始于1986年，由全国人大六届四次会议通过的"七五"计划正式公布。大陆东部地区包括北京、天津、河北、辽宁、上海、江苏、浙江、福建、山东、广东和海南11个省（直辖市）。从国家行政区划来讲，东部地区还包括台湾、香港和澳门。中部地区包括山西、内蒙古、吉林、黑龙江、安徽、江西、河南、湖北、湖南、广西10个省（自治区）；西部地区包括四川、贵州、云南、西藏、陕西、甘肃、青海、宁夏、新疆9个省（自治区）。①

1997年全国人大八届五次会议决定设立重庆市为直辖市，并划入西部地区后，西部地区所包括的省级行政区由9个增加为10个省（直辖市、自治区）。由于内蒙古和广西两个自治区人均国内生产总值的水平是上述西部10省（自治区、直辖市）的平均状况，2000年国家制定的西部大开发战略中享受优惠政策的范围增加了内蒙古和广西。

考虑到带动民族地区发展的需要，湖南省湘西土家族苗族自治州、湖

---

① 柳建文：《分层分类与异质异构——中国西部大开发的政治经济调控》，民族出版社2009年版，第35页。

北省恩施土家族苗族自治州，比照西部大开发的有关政策予以照顾，后来吉林省延边朝鲜族自治州也纳入了参照享受西部大开发有关政策的范围。黑龙江省大兴安岭地区、海南省原黎族苗族自治州的六个县和湖南省张家界市的一区一县在一定程度上享受西部大开发政策。①

我国西部地区拥有丰富的矿产、土地、森林、生物等自然资源。面积为 685 万平方公里，占中国国土面积的 71.4%。其中耕地面积占全国的 1/3 以上，草地面积占全国的 55.8% 以上，水资源年均总量占全国一半以上，加上丰富的光照资源和生物资源，西部地区已成为我国能源、矿产和农产品的主要生产基地。西部地区发展具有以下有利条件：一是地域辽阔，水能、石油天然气、煤炭、稀土、钾磷、有色金属等能源矿产资源储量大，光热条件较好，生物资源多种多样，文化旅游资源丰富。二是市场潜力大，劳动力成本低，具有发展劳动密集型产业的比较优势。三是与十几个国家和地区接壤，是我国通往亚欧一些国家的重要通道，具有发展周边经济贸易合作的区位优势。四是长期建设形成的老工业基地、国防工业企业、科研机构和大专院校，集中了一批专门人才，有了产业发展和协作配套的初步条件。②

二　西部大开发战略沿革

（一）决策过程

地区协调发展，历来是党领导中国建设社会主义的一个重要战略，为社会主义道路的本质所决定。第一代领导人毛泽东 1956 年在中央政治局扩大会议上所做的《论十大关系》报告强调，要处理好沿海工业和内地工业的关系。该报告中所称沿海，是指辽宁、河北、北京、天津、河南东部、山东、安徽、江苏、上海、浙江、福建、广东、广西。1988 年，邓小平提出了"两个大局"的战略构想，沿海地区要加快对外开放，使这个拥有两亿人口的广大地带较快地先发展起来，从而带动内地更好地发展，这是一个事关大局的问题。内地要顾全这个大局。发展到一定的时候，又要求沿海拿出更多的力量来帮助内地发展，这也是个大局。那时沿海也要服从这个大局。邓小平还强调，先进地区帮助落后地区是一个义

---

① 曾培炎：《西部大开发决策回顾》，中共党史出版社、新华出版社 2010 年版，第 99 页。

② 赵曦：《中国西部开发战略前沿研究报告》，西南财经大学出版社 2010 年版，第 15 页。

务，而且这是一个大政策。①

　　1995 年 6 月下旬，时任中共中央总书记、国家主席、中央军委主席江泽民在东北主持召开东北三省国有大中型企业座谈会，谈到东部地区与中西部地区的关系。当年 9 月 28 日，在党的十四届五中全会闭幕讲话里，东部地区和中西部地区的关系成为江泽民讲话的重要部分。江泽民指出，解决地区发展差距，坚持区域经济协调发展，是今后改革和发展的一项战略任务。从"九五"计划开始，要更加重视支持中西部地区经济发展，逐步加大解决地区差距继续扩大的趋势的力度，积极朝着缩小差距的方向努力。东部地区要通过多种形式帮助中西部欠发达地区和民族地区发展经济，促进地区经济协调发展。② 经过几年的酝酿，1999 年 3 月，时任中共中央总书记、国家主席江泽民同志在九届全国人大二次会议和全国政协九届二次会议的党员负责人会的讲话中，正式提出了"西部大开发"战略思想。③ 1999 年 6 月在中央扶贫开发工作会议上，江泽民再次谈到西部大开发战略。④ 1999 年十五届四中全会《中共中央关于国有企业改革和发展若干重大问题的决定》，正式提出西部大开发战略。2000 年 1 月，国务院西部地区开发领导小组召开西部地区开发会议，研究加快西部地区发展的基本思路和战略任务，部署实施西部大开发的重点工作。⑤ 2000 年 1 月，国务院印发《关于转发国家发展计划委员会〈关于实施西部大开发战略初步设想的汇报〉的通知》。这一文件阐明了西部大开发的重大意义、指导思想、重点任务、政策措施，成为西部大开发的纲领性文件。

　　（二）"十五"西部开发总体规划

　　2000 年 10 月，中共十五届五中全会通过的《中共中央关于制定国民经济和社会发展第十个五年计划的建议》，把实施西部大开发、促进地区协调发展作为一项战略任务。2000 年 10 月国务院颁布《关于实施西部大开发战略若干政策措施的通知》。经国务院同意，国家发展计划委员会、国务院西部地区开发领导小组办公室颁布《"十五"西部开发总体规划》。

---

①　曾培炎：《西部大开发决策回顾》，中共党史出版社、新华出版社 2010 年版，第 3 页。

②　同上书，第 4—5 页。

③　同上书，第 7 页。

④　同上书，第 11 页。

⑤　同上书，第 17 页。

（三）西部大开发"十一五"规划

2006年12月8日，国务院常务会议审议并原则通过《西部大开发"十一五"规划》。2000—2009年，西部地区GDP年均增长11.9%，高于全国同期增速，占各地区GDP加总数比重从17.1%上升至18.5%。10年来，国家不断加大对西部地区交通、水利、能源、通信、市政等基础设施建设的支持力度。2000—2009年，累计新开工建设120个重点工程，基础设施建设取得突破性进展。青藏铁路、西气东输、西电东送、国道主干线西部路段和大型水利枢纽等一批重点工程相继建成，完成了送电到乡、油路到县等建设任务。①

西部大开发十年，正好经历了"十五""十一五"两个五年规划。这十年，是历史上西部地区经济增长最快、社会进步最显著的十年。基础设施得到极大改善，生态环境保护与治理成效显著，城乡面貌发生巨大变化，人民群众得到了真正的实惠。但西部大开发十年，只是开了个好头。我们还应当看到，西部仍然是相对落后和欠发达的地区，发展面临不少困难和问题。由于经济、社会、自然和文化等方面的原因，西部地区经济发展依然存在诸多矛盾和突出问题。经济实力虽然显著增强，但发展质量有待提高。经济结构不合理、自我发展能力不足，财政支出的60%要靠国家转移支付。影响发展的体制机制障碍依然存在。城乡贫困人口占国内相当数量，缩小城乡差距、促进经济社会协调发展的任务很重，社会建设和管理面临诸多新问题。西部地区经济总量小，产品处于产业链低端，生产方式比较粗放，自我调整能力较弱。水利、能源、通信等基础设施薄弱。教育、文化、卫生等社会事业相对滞后。生态环境还需要花更大力量保护和修复。基本公共服务均等化水平较低，人才不足和流失问题尚未明显改善。政府职能不能完全适应社会主义市场经济的需要，自我发展的综合能力不足。加强民族团结，维护边疆稳定的任务繁重。依法管理宗教事务难度不小。因此，必须深刻认识西部大开发的长期性和艰巨性，要深入实施西部大开发战略，保持西部大开发政策的连续性和稳定性，努力实现西部地区全面协调可持续发展。②

---

① 刘铮、郑晓奕、江国成：《开局良好基础坚实——西部大开发10年成就回顾》，中央人民政府网（http://www.gov.cn/jrzg/2010-07/05/content_ 1646123. htm）。

② 国家发展和改革委员会：《西部大开发"十二五"规划》，中华人民共和国中央人民政府网站2012年2月20日（http://www.gov.cn/zwgk/2012-02/21/content_ 2072227. htm）。

（四）西部大开发"十二五"规划

2010 年 7 月，中共中央、国务院在北京召开西部大开发会议，2010年新一轮西部大开发新开工重点工程 23 项，总投资 6822 亿元。2012 年 2月，国务院正式批复《西部大开发"十二五"规划》。"十二五"时期，更加注重基础设施建设，着力提升发展保障能力；更加注重生态建设和环境保护，着力建设美好家园和国家生态安全屏障；更加注重经济结构调整和自主创新，着力推进特色优势产业发展；更加注重社会事业发展，着力促进基本公共服务均等化和民生改善；更加注重优化区域布局，着力培育新的经济增长极；更加注重体制机制创新，着力扩大对内对外开放，推动西部地区经济又好又快发展，促进民族团结和谐，共同建设美好家园，为实现全面建成小康社会目标打下坚实基础。

一是开发理念上注重发展的质量和效益。以科学发展为主题，将加快经济结构战略性调整摆在突出位置，坚持在高起点上加快发展，把后发赶超与加快转型有机结合起来，既要保持一定的发展速度，又要在"好"上做文章，走出一条具有中国特色、西部特点的新路子。

二是开发方式上注重充分发挥区域比较优势。坚持以市场为导向的优势资源转化战略，走新型工业化道路，大力提升产业层次和核心竞争力，建设国家能源、资源深加工、装备制造业和战略性新兴产业基地。

三是开发布局上注重因地制宜、分类指导。按照"抓两头、带中间"的工作思路，一手抓重点经济区培育壮大，着力培育新的经济增长极，一手抓老少边穷地区脱贫致富，推动贫困地区加快发展、民族地区跨越发展。

四是开发重点上注重集中力量解决全局性、战略性和关键性问题。如基础设施建设着力破解交通和水利两个瓶颈制约。生态建设更加注重建立长效机制，提出要加快建立和完善生态补偿机制；更加注重突出重点、综合施策。改革开放指向更加明确，进一步突出重点领域和关键环节，进一步突出内陆和沿边地区开发开放。

五是开发机制上注重坚持政府引导、市场运作。《西部大开发"十二五"规划》提出，地方各级政府要强化指导服务，大力改善投资发展环境，充分发挥市场配置资源的基础性作用，吸引各类要素有序向西部地区流动，进一步凝聚社会各方面力量，共同参与和支持西部大开发。

六是开发政策注重差别化支持措施。《西部大开发"十二五"规划》

要求，要以更大的决心、更强的力度、更有效的举措，落实好中央对西部地区在财政、税收、投资、金融、产业、土地等方面的差别化政策，进一步加大资金投入和项目倾斜力度。①

（五）西部大开发"十三五"规划

2017 年 1 月 11 日，国家发展改革委发布《西部大开发"十三五"规划》，规划总结了"十二五"期间西部大开发的工作，认为西部地区经济实力稳步提升，主要指标增速高于全国和东部地区平均水平，城乡居民收入年均增长超过 10%。2015 年，地区生产总值占全国比重达到 20.1%，常住人口城镇化率达到 48.7%。基础设施保障能力全面增强，以高速铁路、高速公路为骨架的综合交通运输网络初步构建，铁路、公路新增里程分别达到 1.2 万公里和 21.5 万公里。②

规划认为，国家全面推进"一带一路"建设、京津冀协同发展、长江经济带发展，有利于西部地区加快开放步伐，提升对外开放水平，深度融入世界经济体系；国家深入实施创新驱动发展战略，有利于西部地区积极培育和承接先进产能，提升产业层次；国家加快推进以人为核心的新型城镇化进程，有利于西部地区破解城乡二元结构，实现城乡协调发展；国家大力实施脱贫攻坚工程，有利于西部地区精准扶贫精准脱贫，切实打赢脱贫攻坚战；国家加快生态文明建设、推进形成主体功能区，有利于西部地区形成绿色发展方式和生活方式，巩固国家生态安全屏障。

规划明确，深入实施西部大开发要遵循以下原则：坚持创新驱动，加快动力转换。将创新作为推进西部大开发的第一动力，以科技创新为核心积极推进各领域创新，加大力度推进供给侧结构性改革，优化生产要素配置，大力促进大众创业、万众创新，创造新供给、释放新需求、拓展新空间，增强西部地区发展新动能。坚持协调协同，促进有序开发。优化空间格局，培育新的增长极和增长带，促进城乡要素平等交换和合理配置，健全城乡协调发展体制机制，推进新型工业化、城镇化、信息化和农业现代化同步发展，在协调协同中拓展发展空间，在加强薄弱领域建设中增强发展后劲。坚持绿色永续，建设美丽西部。有序有度利用自然，促进人与自

---

① 《国家发改委有关负责同志就〈西部大开发"十二五"规划〉答记者问》，中华人民共和国中央人民政府网站（http：//www.gov.cn/gzdt/2012-02/20/content_ 2071646. htm）。

② 《西部大开发"十三五"规划》，中华人民共和国中央人民政府网站（http：//www.gov.cn/xinwen/2017-01/23/content_ 5162468. htm）。

然和谐共生，全面节约和高效利用能源资源，推动低碳循环发展，加强生态保护和修复，加大环境治理力度，严守耕地保护红线，健全生态文明制度体系，努力构筑生态安全屏障，建设天蓝、山青、水碧的秀美西部，促进国家永续发展。坚持开放引领，促进互利共赢。牢固树立共商共建共享理念，加强与"一带一路"建设、长江经济带发展等重大战略的统筹衔接，坚持内外需协调、进出口平衡、"引进来"和"走出去"并重，积极创新开放模式，促进沿边内陆开放与沿海开放优势互补，发展更高层次的开放型经济，深度融入世界经济体系。坚持民生为本，实现成果共享。始终把改善生产生活条件、提高人民生活水平作为西部大开发工作的出发点和落脚点，按照人人参与、人人尽力、人人享有的要求，稳步提高城乡居民收入，增加公共服务供给，完善社会保障制度，使西部各族人民群众在共享发展中更有获得感，朝着共同富裕稳步前进。①

国务院《关于〈西部大开发"十三五"规划〉的批复》要求，规划实施要全面贯彻党的十八大和十八届三中、四中、五中、六中全会精神，深入贯彻习近平总书记系列重要讲话精神和治国理政新理念、新思想、新战略，认真落实党中央、国务院决策部署，统筹推进"五位一体"总体布局和协调推进"四个全面"战略布局，牢固树立和贯彻落实新发展理念，坚持创新驱动、开放引领，充分发挥自身比较优势，紧紧抓住基础设施和生态环保两大关键，增强可持续发展支撑能力，统筹推进新型城镇化与新型工业化、信息化、农业现代化协调发展，在推动经济转型升级、缩小区域发展差距上取得阶段性突破，在持续改善民生、促进社会和谐上取得实质性进展，在巩固边疆安全稳定、维护民族团结进步上作出更大贡献，推动西部经济社会持续健康发展，实现与全国同步全面建成小康社会的奋斗目标。

国务院要求，西部地区各省、自治区、直辖市人民政府和新疆生产建设兵团要增强紧迫感，自我加压，奋发有为，依靠改革开放创新增强内生动力，结合本地实际，将规划确定的重大工程、重大项目、重大政策、重要改革任务与本地区经济社会发展"十三五"规划做好衔接，完善推进机制，强化政策保障，分解落实各项工作，确保目标任务如期完成，努力

---

① 《西部大开发"十三五"规划》，中华人民共和国中央人民政府网站（http：//www.gov.cn/xinwen/2017-01/23/content_5162468.htm）。

开创西部发展新局面。

国务院要求，国务院西部地区开发领导小组各成员单位、各有关部门和单位要做好西部大开发与"一带一路"建设、长江经济带发展等重大战略的统筹衔接，在对口帮扶、财政税收、项目布局、融资服务等方面加大对西部地区的支持力度，东中部地区要进一步提升对口支援水平，形成支持西部大开发的新合力。①

第二节　西部大开发法治建设研究

一　西部大开发法治建设研究现状

西部大开发十年总结之际，中央又作出深入推进西部大开发战略的决策。区域发展优先战略的西部大开发，必将对中国现在和未来的政治、经济、社会、文化、生态建设产生巨大而深远的影响。西部民族地区的社科学人，有责任对关乎全局长远的重大问题进行思考研究。要深入持久地推进西部大开发，必须将开发纳入法治轨道，必须依法调整经济社会生活中存在并不断演变的社会关系和利益纷争，必须反思前十年西部大开发战略实施中存在的问题，必须总结前十年西部大开发战略实施中应吸取的经验和教训。及时有效地将十年开发取得的经验和政策上升到法律层面，保持开发战略的长期性和稳定性，以法律保障西部大开发战略的权威性。

西部大开发区域占国土面积 2/3 以上，其中少数民族人口约占全国少数民族人口的 75%。开发涉及民族自治地方面积占西部地区总面积的 86.5%，占民族自治地方总面积的 96.7%。西部大开发法治建设的理论研究，基本问题是西部大开发与民族地区法治建设。该领域内已结项课题有《西部大开发法治问题研究》（夏勇，2000 年），《西部可持续开发战略的法治保障研究》（文正邦，2000 年），《西部大开发与民族地区生态资源的保护利用》（徐静，2001 年），《西部地区生态环境建设补偿机制研究》（杜受祜，2000 年），《西部大开发中的民族自治地方经济自治权问题》（刘惊海，2001 年），《西部大开发与民族区域自治制度的发展和完善》（熊文钊，2001 年），《西部大开发中的法律制度研究》（吴大华，2003

---

① 《国务院关于〈西部大开发"十三五"规划〉的批复》，中华人民共和国中央人民政府网站（http://www.gov.cn/xinwen/2017-01-23/content_5162468.htm）。

年）等。夏勇、卓泽渊、宋才发、刘焯、吴大华、徐杰、丁任重、王兴运等学者均对该问题进行了研究。该领域学者公开发表学术论文约300篇，出版了一些著作。① 其中研究西部大开发与民族地区法治建设的成果占比很小。现有成果主要研究：（1）论证西部开发法治的必要性，从宏观的历史的依法治国等角度论证西部大开发需要法律制度支撑；（2）西部开发法治基本内容和原则，学者对西部开发法治的内容进行了阐述，提出了西部开发法治应遵循的原则；（3）西部开发立法基本构想，有综合立法、分类立法、中央立法、地方立法等各种观点；（4）西部开发生态环境保护法律制度的建立；（5）西部开发中民族区域自治制度完善。以上研究确立了西部开发法治理念，拓展了法学研究视野，提出了许多有价值的观点。

二　需要进一步研究的问题

（一）现有成果存在的不足

（1）现有成果多为十年前完成，而新一轮西部大开发面临的问题与开发初期有很大不同，鲜有学者关注。（2）研究主要来自西部地区和民族地区的学者和实践者，国内法学学科的权威学者在该领域"集体失语"，代表国内法学最高水平的十几种刊物，十年来共发表该领域文章十余篇，每种刊物平均十年不到一篇，足以说明法学界对西部大开发法治建设认识不够。（3）现有成果缺乏对西部大开发十年来法治建设的总结和跟进，开发初期学界对该问题表现出浓厚兴趣，随着开发深入和常态化，研究者很少再去关注。（4）多数学者从经济学角度研究新一轮西部大开发涉及的问题，对经济以外的问题有所疏忽。（5）西部大开发中民族地区法治建设研究仅局限于个别问题，如生态保护与民族区域自治，研究视角比较狭窄。（6）现有成果中针对新一轮西部大开发与民族地区法治建设的研究处于空白状态。

---

① 参见杨发仁《西部大开发与民族问题》，人民出版社2005年版；王允武、田钒平《西部开发背景下民族地区经济法制问题研究》，中央民族大学出版社2008年版；文正邦、付子堂《区域法治建构论：西部开发法治研究》，法律出版社2006年版；丁任重《西部资源开发与生态补偿机制研究》，西南财经大学出版社2009年版；宋才发《中国民族自治地方经济社会发展自主权研究》，人民出版社2009年版；刘志坚《西部大开发与行政法制现代化研究》，中国社会科学出版社2007年版等。

（二）西部大开发存在的问题

西部大开发战略实施以来，西部地区经济得到快速发展，但主要以政策为导向的开发模式，随意性较大，稳定性不足，存在一些不容忽视的问题。

（1）西部大开发战略政策被"稀释"，难以继续发挥优先优势。西部开发战略虽被放在我国区域发展的优先地位，但随着东部领先、中部崛起、东北振兴等战略的提出与实施，作为区域优先地位的西部大开发战略已被"稀释"，丧失优先优势。

（2）西部大开发战略政策进入"审美疲劳期"。西部大开发战略提出并实施了十多年，还要在一个较长的时期继续实施。如果没有新政策出台，原有政策的轰动效应会随着时间推移不断减弱促进力度。政策的新鲜感已越来越少，从政府到民众都对西部大开发战略进入"审美疲劳"期。

（3）以重点工程重点项目为支撑，与普通民众预期存在较大差距。重点工程和项目是西部大开发十多年的主要抓手，也是西部大开发取得的主要成绩。一些标志性工程如"西气东输""西电东送"等，主要是为中东部经济持续发展提供能源资源支持。重点工程与项目建设中西部地区所得利益有限，民众获得收益与预期有较大差距。

（4）以经济发展为重点，忽略了社会、文化、民族、宗教等领域。西部大开发以经济建设为中心，忽略了西部地区特殊的人文环境、社会文化以及民族宗教等因素对西部大开发的影响。

（5）政策实施没有体现"先富带后富"的政治理念。先富带后富只是政治上的理想引导状态，而市场经济是经济人的利己选择。先富地区不会自觉实践党的政治理想，资本在西部大开发中获取超额利润，地区贫富差距进一步拉大，西部地区相对剥夺感加剧。

（三）本课题研究的意义

本课题研究的意义在于：

（1）西部大开发需要理论先行，需要法律制度先行，本课题研究对新一轮西部大开发中的法治建设提供理论支撑。

（2）新一轮西部大开发是在十年开发基础上进行的，本课题对西部大开发十年来的经验进行总结并使之上升到法律层面。

（3）新一轮西部大开发中面临许多特殊问题，需要创设相应的法律制度，填补该领域法治建设空白。

当前深入实施西部大开发总体目标已经制定，迫切需要一批有分量的学术研究成果支撑。西部大开发初期主要依据政策开发，深入推进西部大开发需要 50 年甚至更长时期，这种大规模的长期的国家战略必须依靠完备的法治建设来推进，前十年西部大开发中成功的政策和做法需要上升到法律层面，新一轮开发需要创设新的法律制度。① 本课题的研究，对探索新一轮西部大开发与民族地区法治建设问题，依法协调西部大开发中的相关利益关系，规范地方政府及企业等开发主体的行为，保障新一轮西部大开发有序开展有现实意义。

第三节　新一轮西部大开发法治建设基本架构

一　研究思路和方法

西部大开发法治建设涉及方方面面的内容，全面研究新一轮西部大开发中的法治建设问题，是一项浩大的工程，不是本课题能全部完成的。本课题研究集中新一轮西部大开发法治建设最需要最急迫关注的 7 个问题，这些问题在新一轮西部大开发中有较强的针对性，近几年也有明显的表现，需要及时开展研究。为了使课题能够深入展开，研究过程中主要以青海省为个案进行调研，以新一轮西部大开发中的法治建设比较突出的 7 个重大问题，即生态保护、资源开发、统筹城乡、城市民族、区域合作、应急管理、法律文化为线索，对每个问题聚焦于特定而有典型意义的地区开展研究。

生态系统保护、自然资源开发、城乡统筹发展、城市民族关系、应急管理处置、区域协调合作以及民族法律文化融合这些问题，表面上相互之间缺乏严密的逻辑体系，但恰恰是西部大开发以来表现突出、新一轮西部大开发中亟待解决的重大问题。这些问题集中体现了西部大开发的重要特征和区域特殊性。随着西部大开发的深入，这些问题将会进一步显现出其作为西部大开发特殊问题的重要地位。如果一味地按照传统法学研究方法，注重法学的逻辑特征，按照立法、执法、司法等法律运行模式开展研究，很难体现出作为民族问题其他学科研究的特殊价值。

---

① 吴大华：《西部大开发中的法律制度建设研究》，西南交通大学出版社 2011 年版，第 39 页。

本课题研究以问题为导向，结合青海省实际，就人与自然关系、资源开发关系、统筹城乡关系、城市民族关系、应急管理关系、区域合作关系以及民族法律文化融合进行研究。对每个重大社会关系选择具有代表性的地区作为研究样本。调研既涉及青海省整体情况，也在特定问题研究中聚焦若干地区，如生态保护、法律文化立足全省，资源开发着眼于黄河上游水电开发和海西矿产资源，城市民族问题集中于西宁市和格尔木市，城乡统筹关注海东地区撤区建市，区域合作落脚在甘肃省兰州市红古区和青海省海东市民和县"民海一体化"，应急管理剖析玉树地震应急处置与重建，以期最终从法律制度建设方面达到生态保护、资源共享、城乡统筹、民族和谐、区域合作、应急有效、文化融合的目的。

本课题首先对前十年西部大开发制定的政策和法律制度进行总结，力图对存在缺陷的法律进行调整和改革，将已经成熟的政策以法律形式稳定下来。以完善立法为核心，将新一轮西部大开发中的法治建设落实到生态环境保护、资源开发、城乡统筹、民族和谐、区域合作与改善民生等方面。在调整人与自然的关系中，青海省生态环境保护法治建设是关键，在资源开发中保障民众的利益共享，在城乡统筹发展中保障农牧民群众享受均等化公共服务，区域协调中调整各利益主体关系，维护民族平等、完善民族区域自治，规范政府与公民的关系，使课题研究既能体现理论深度和体系完整，又能突出重点，为实际工作提供一定参考。

本课题主要采用以下研究方法：（1）文献研究法：对现有研究成果进行梳理，提炼西部大开发十年来法治建设取得的成绩和不足；（2）系统分析法：青海省深入实施西部大开发是一个涉及各种关系的系统工程，需要以系统分析的方法从宏观到微观进行把握；（3）个案分析法：选择青海省几个有典型意义的案例进行分析；（4）调查分析法：针对每个关系选择一些地区进行实地调研；（5）比较分析法：重点对前十年西部大开发与新一轮西部大开发做比较研究。

二　研究框架结构

（一）西部大开发中的生态保护法律问题

本部分内容主要为调整人与自然法律关系，以青海省为例就生态系统保护法律问题进行研究。必须持续把生态保护放在战略的重要地位，摆正西部大开发与生态保护的关系，纠正一些地区破坏生态环境的错误做法。

防止走先破坏后治理的老路。尤其是脆弱敏感的生态功能区，即使经济发展速度慢甚至暂时不发展，也要守住生态保护红线。要完善生态保护法律法规，使制度具有长期性和稳定性。要按照区域生态系统的自然规律制定法律，打破行政区划对生态系统的肢解，打破生态系统要素管理的体制制约，要使政策有衔接性。如退耕还林、退牧还草等前期有效政策加强监督执行。对以开发为名破坏生态的案件加大执法力度。对生态薄弱环节加大投入，对沙漠治理、荒漠化治理等问题，应借鉴退牧还草政策，鼓励引导当地群众和企业等多元主体参与治理，国家应出台补助政策积极支持。

（二）西部资源开发中的法律问题

本部分以黄河上游水电开发与青海矿产资源开发为例，对西部资源开发关系法律规范进行研究。与东部沿海地区比，西部地区在政策、资金、人才、地理区位、自然环境、文化传统等方面均无优势可言。唯一优势是西部地区拥有的资源。越是偏僻地区，资源优势越明显，经济发展对资源的依赖程度越高。必须把资源开发提到特殊重要的高度。东部开发资金主要依赖土地出让金。其他地区不可能从区域外政府的土地出让金获取利益。资源税费占中央财政收入不足 10%，可以全归地方政府。资源有偿使用改革应加快实施，资源市场化进程应加速。当地政府和居民应从资源开发中分享应得利益。当地农牧民的集体土地在资源开发中应有相应收益权。矿产资源、水电、石油天然气等开发中，当地政府和居民可通过集体土地使用权入股等形式享有一定股权，取得资源开发中的长期收益权。

（三）西部统筹城乡发展中的法律问题

本部分以青海省海东地区撤区建市为例，对统筹城乡发展关系的法律规范进行研究。西部开发在加快经济发展的同时，加大了社会矛盾冲突产生的概率。西部城乡差距比东部大，统筹城乡难度也大。必须把改善民生作为开发的出发点，在土地制度完善、户籍制度改革、教育医疗等公共服务均等化、社会保障等制度健全的同时，要把扶贫工作放在突出位置。必须完善统筹城乡发展的体制机制，规范改善民生政策中政府和城乡居民的关系。

（四）西部城市民族工作法治化问题

本部分以青海省西宁市、格尔木市为例，对城市民族关系的法律规范进行研究。西部大开发促进了各民族杂居、交往、融合，少数民族进入城市的人数增加，西部少数民族赴中东部城市的比例提高。主要以西部地区为区域性的民族关系演变为全国性的民族关系。城市民族工作法治化问题重要性凸显。城市民族工作与民族区域自治制度有很大差别。以公民权利平等为核心的民族平等应作为规范城市民族关系的基本原则，政策制定应促进民族融合，推动共同繁荣共同进步。

（五）西部区域协调合作中的法律问题

本部分以青海省海东市民和县和甘肃省兰州市红古区"民海一体化"为例，对区域合作关系的法律规范进行研究。西部大开发战略规划中以区域作为发展的重点，要创新区域协调合作机制。消除行政区划给区域发展的不利因素。中央政府有关部门加强协调指导功能，引导区域合作。对区域间政府合作机制及合作协议赋予相应的政策法律效力，保障区域合作协议的稳定性和权威性，通过备案等方式指导地方政府区域合作。通过减少行政审批事项等手段发挥市场在区域合作中的功能。地方政府可以通过联席会议、联合立法、合作协议、交流任职、组建区域行政联合体等方式加强协调合作，为区域经济发展创造良好的政策环境。

（六）西部应急管理能力建设法律问题

本部分以玉树地震应急处置与救援为例，对西部应急管理法律规范进行研究。从汶川、玉树、盈江、雅安、定西地震以及舟曲泥石流等灾害分布区域看，西部地区自然灾害频繁，应急管理能力不足。因此要从健全"一案三制"入手，提高干部群众的应急能力，加快基础设施建设，改善群众居住条件，做好灾害排查与防范等工作，加强西部地区应急管理能力建设。

（七）西部地区民族法律文化融合问题

本部分以青海省多民族历史和现状为例，对多民族法律文化融合进行研究。文化上不能融合，思想上就会离心离德，行动上就会四分五裂。文化融合才能真正使中华民族多元一体。要从制度建设入手强化各民族的国家认同、中华民族认同。要加大国家通用文字语言普及力度，改善双语教学条件。要按党的十八大提出的"五位一体"重视文化建设，使西部大开发不仅在经济上有所发展，而且在文化上推动中华民族共同繁荣。

三　基本观点和创新之处

（一）课题研究的重点

（1）平衡和协调课题所列社会关系中各主体之间的权利义务；

（2）在新一轮西部大开发中完善立法，保护生态和保障当地群众权益，推进西部开发顺利进行；（3）现有法律制度主要针对少数民族政治权利，建立完善以保障经济发展权利为核心的法律制度。

（二）课题研究的难点

（1）新一轮西部大开发刚刚起步，研究成果是否符合西部地区难以判定，法治建设是否"给力"需要实践检验；（2）西部民族地区是新一轮西部大开发的难点，影响其发展的因素较为复杂，立法规范以上关系有较大难度。

（三）课题的基本观点

新一轮西部大开发中要从以下几个方面加强法治建设：（1）建立生态补偿机制，创新重点生态区域管理体制，创设经济制度促进自我发展能力；（2）规范资源开发行为，制定草原地区资源开发法律制度，保障资源开发利益共享；（3）城乡统筹发展中保障农牧民公共服务均等化，促进社会公平；（4）创新区域合作法律制度，协调不同行政区划经济区关系，打破现有行政区划立法框架，特定区域内地方联合立法；（5）完善民族区域自治制度，研究近年来涉及西部民族地区稳定的事件对新一轮西部大开发可能产生的影响，通过立法保障西部地区长治久安；（6）规范政府和公民关系，完善农牧民在新一轮西部大开发中的利益表达机制，保障农牧民在西部大开发中的主体地位及决策权、参与权、知情权和发展权等。

（四）课题的创新之处

（1）新一轮西部大开发起步之时研究本课题即是一种创新；（2）西部民族地区是新一轮西部大开发的难点，目前该领域研究尚属空白，以此为例研究法治建设可推进西部大开发纵深发展；（3）民族区域自治制度更多关注政治权利，本课题更多从经济权利角度研究青、藏地区发展。

第二章

西部大开发中生态保护法律问题

第一节　青海省生态系统保护现状及问题

一　生态系统基本概念辨析

生态文明是人类社会经济发展到一定阶段的必然选择。青海省是我国重要的生态功能区，西部大开发中不但要推进本地区经济社会发展，还需要切实实施生态立省战略。要加强生态法治建设，充分运用权利义务调整功能，统筹经济社会发展中的各种关系。西部大开发已经经历了十六个年头，随着西部大开发战略的深入实施，一些新的问题集中凸显，生态保护即是其中的关键问题。

生态系统是指一定自然环境中生物生存和发展状态所构成的体系，是一切生物的生存状态以及生物之间、生物与环境之间相互融合的内在关系。生态学概念最早由德国生物学家海克尔于 1869 年提出，早期的生态学主要研究自然界动物、植物之间以及动植物与所处自然环境之间的相互关系和影响。随着生态学概念被越来越多的学者认可，生态一词的含义也发生了很多变化，一些与生态学本意并无关系的学科和领域，也在一定层面上使用生态一词，诸如金融生态之类。[①]

随着社会的发展，人们又将"生态环境"作为一个重要概念，人们理解这一概念是以人类自我中心为坐标。将自然界中与人类有密切关系的自然环境作为生态看待，生态环境往往是影响人类生活的自然要素。这种自然要素不仅包含人类与自然界之间的关系，也包含自然界内各要素，诸如太阳光、热量、水资源、空气、各类动植物等之间的关系，以及这些要

[①]　曹明德:《生态法新探》，人民出版社 2007 年版，第 183 页。

素与人类之间错综复杂的关系，这种综合关系被称为生态环境。

"生态系统"是生态环境概念的基础上发展起来的。当我们使用生态环境概念的时候，依然站在以人类为中心的基础上将人类赖以生存的自然环境作为客体对象看待。而将生态环境概念发展为生态系统概念的时候，自然要抛弃人类中心主义的影响，将人类自我与自然万物融为一体，在一种万物平等的理念上看待人与自然、自然界各要素相互之间的关系。①

生态系统既包含生物系统，也就是生物圈，也包含无机环境，这种有机与无机统一的综合体就构成生态系统。生态系统的范围并不特定，如热带雨林生态系统、草原生态系统等具有各自的特点。从人类角度来看，人类的生活更多地依赖人类参与其中的人工生态系统之中，这种系统以城市和农村为主要表现。生态系统为了系统的稳定和存在，需要不断地从外界输入能量或系统内部产生能量。生态系统始终处于物质循环流动过程中，以物质的循环流动维持系统的稳定，一旦物质的循环流动产生新的影响生态系统的能量变化，就会造成生态系统的破坏。如果这种破坏不能由系统自身的修复能力加以修复，则必然产生生态破坏的后果。今天人类社会中所产生的环境污染等案件，即是生态系统被破坏而难以通过系统自身修复能力维持生态平衡的问题。② 因此相对于生态环境而言，生态系统的概念更能体现人类对自我与自然界关系认识的态度和水平，因此本课题研究采纳生态系统概念，以青海省生态系统保护法律制度建设为例考察新一轮西部大开发中的生态保护问题。

二　青海省生态系统现状

青海省地处青藏高原东南部，因境内有全国最大的内陆咸水湖青海湖而得名，是我国生态环境的关键地区、国家生态安全的制高点和平衡点，也是我国生态建设的战略要地。青海是长江、黄河、澜沧江的发源地，故被称为"江河源头"，又称"三江源"，素有"中华水塔"之美誉。全省东西长 1240.6 千米，南北宽 844.5 千米，总面积 72.23 万平方公里，占全国总面积的 1/13，面积排在新疆、西藏、内蒙古之后，列全国各省、自治区、直辖市的第四位。青海北部和东部同甘肃省相接，西北部与新疆

---

① 曹明德：《生态法新探》，人民出版社 2007 年版，第 21 页。

② 张晓君、张辉：《生态环境保护的国际法理论与实践》，厦门大学出版社 2006 年版，第 22 页。

维吾尔自治区相邻，南部和西南部与西藏自治区毗连，东南部与四川省接壤，是联结西藏、新疆与内地的纽带。①

青海海拔较高，自然环境艰苦，全省平均海拔在 3000 米以上，属典型的高原大陆性气候，寒冷、干旱、缺氧、太阳辐射强是主要的气候特征，年平均降水量为 250—530 毫米。冰川、戈壁、沙漠、风蚀残丘、石山、雪山等面积占青海省面积的 30%。现有天然草地面积 3645 万公顷，占青海省面积的 50.49%，可利用草地面积 3162.3 万公顷，其中荒漠草地 267.7 万公顷，高寒草原和高寒草甸 2948.2 万公顷。青海省森林资源少，覆盖率低。森林面积为 317.2 万公顷，覆盖率仅为 4.4%，主要集中在黄河和长江上游的大通河、隆务河、玛柯河、多柯河和澜沧江的扎曲河流域以及祁连山东段等地区，处于森林极限生长地带，一旦遭到破坏，很难恢复。②

省内有世界上海拔最高、面积最大的高原湿地生态系统，是我国最大的产水区。青藏高原被称为世界的"第三极"，是最珍贵的种质资源和高原基因库，是世界上高海拔地区生物多样性最集中的地区。因此，青海生态环境的好坏，不仅对青海省的可持续发展意义重大，而且对黄河、长江、澜沧江流域和黑河流域的甘肃河西走廊与内蒙古部分地区的稳定发展都具有重大影响。

青海省省情可以概括为"面积大省，人口小省，经济穷省，资源富省"。全省现辖两市、六州，共有 46 个县（区、行委）。省内世居的少数民族主要有藏族、回族、土族、撒拉族、蒙古族，其中土族和撒拉族是青海独有的少数民族。世居的少数民族基本都有宗教信仰，其中，藏传佛教、伊斯兰教在信教群众中有着广泛影响。

新中国成立以来，青海省先后实施了国家"三北"防护林体系、长江中上游防护林、防沙治沙、黄河上游治沟减沙骨干工程建设；在草原牧区进行以人工种草、草地围栏为主要内容的畜牧业基础设施建设，以灭鼠治虫、灭除毒杂草、推广优良牧草和合理放牧为主的草地保护和改良措施。特别是西部大开发战略实施以来，青海省加大了生态系统保护力度，强化了生态系统特别是草原生态系统的修复和建设。国家加大了对青海省

---

① 青海省人民政府网站（http://www.qh.gov.cn/dmqh/glp/index.html）。
② 同上。

生态建设的支持,先后投资 68.6 亿元。根据《全国生态环境保护纲要》要求,青海省积极协调各主管部门,在矿产资源开发、公路建设、旅游等方面注重生态环境保护工作。积极配合开展矿业秩序治理整顿、禁采沙金、关井压产等专项检查和在建公路生态保护措施检查。在旅游发展规划、旅游基础设施建设、旅游产品设计、旅游组织管理等方面,制定了相关规定和标准要求。"十一五"以来,加强污染减排统计、监测和考核体系建设,建立健全污染减排工作责任制和问责制,认真落实结构减排、工程减排和管理减排三大措施,节能减排成效显著。目前,生态保护和建设的效果初步显现,局部地区生态环境得到改善。

在完善生态文明制度体系方面,发布了青海省国家重点生态功能区产业准入负面清单,制定了三江源、祁连山重点生态功能区 20 个县的产业准入负面清单,修编青海湖流域生态环境综合治理工程、柴达木地区生态保护和综合治理、耕地草原河湖休养生息等规划,并会同编制了 42 个县级退牧还草工程建设规划,具有青海特点的生态文明制度体系"四梁八柱"不断健全。同时,改革创新体制机制,发布环境功能区划,落实大气、土壤、水环境质量红线,开展县级环境功能区划试点。制定生态文明建设目标考核评价办法,开展农业面源污染治理、农村污水垃圾处理市场主体试点。协调大通、湟中、循化、贵德、互助和民和 6 个县开展生态文明示范工程试点工作。

与此同时,统筹三江源国家公园体制试点相关工作,参与制定三江源国家公园条例、标准体系建设方案,及长江源、黄河源、澜沧江源 3 个园区实施方案。制定了经营性项目特许经营管理办法和项目投资 10 个管理办法。汇总编制三江源国家公园"十三五"建设项目。统筹推进重大工程,扎实推进三江源生态保护和建设二期工程、祁连山生态保护与综合治理工程,完成投资 10.5 亿元。实施湟水流域水环境综合治理项目,做好退耕还林、退牧还草建设任务和投资计划分解下达工作。在积极推进节能减排降碳工作中,全面通过"十二五"节能减排降碳目标国家考核,会同起草《2016 年度大气污染防治实施方案》《燃煤发电机组超低排放和节能改造的实施意见》。完成固定资产投资项目节能审查 54 个。①

---

① 谢丽娜:《2016 年青海省生态文明建设迈出新步伐》,《青海日报》2017 年 2 月 5 日。

三　青海省生态系统保护面临的问题

（一）生态系统自然演变呈退化趋势

主要表现在：

（1）湿地萎缩。区内各冰川都有不同程度的退缩，青海省内湖泊、河流、沼泽三类湿地面积依然处在持续减少中，如素有千湖之县的玉树州玛多县，目前湖泊、沼泽面积锐减，近几年虽遏制了减少趋势，但要恢复到改革开放以前的状态难度很大。

（2）水土流失面积继续扩大，土地受侵蚀程度日趋严重。青海省水土流失面积占国土总面积的49%。目前，水土流失面积仍以每年0.21万平方公里的速度增加。青海省海东市许多浅山地带，水土流失依然非常严重，危害程度加深。

（3）草地退化仍在继续。可利用草地3万平方公里中，退化草地约2.2万平方公里。其中，中度以上退化草地1.63万平方公里，重度退化草地0.43万平方公里，并且每年以1.9%—2.2%的速率增加。沙漠化面积已占总土地面积的20.7%，目前每年仍以0.18%的速率增加。[①]

（4）物种生存条件恶化，生物多样性受到威胁。由于人类活动和气候变化导致的生物多样性减少，加之犯法犯罪者乱捕滥杀，动物物种减少尤为明显。青海省境内许多特有或珍稀动物物种濒临灭绝，雪豹、猞猁、藏原羚、盘羊等曾经在青海藏区广泛分布的物种，如今数量急剧减少而濒临灭绝。生态保护与建设任重而道远，需要长期不懈地努力。[②]

（二）生态容量与经济发展矛盾突出

牧区人口与资源矛盾日益突出。据统计，1952—2009年，青海省牧民人均拥有草地减少了4倍，畜均草地减少了1.6倍。随着青海省生态保护力度的加大，一些生态修复措施如退耕、禁牧和限牧对牧民群众传统生活方式产生影响，生态移民面临新的问题。后续产业发展问题突出，可供选择的替代产业不多，结构性调整困难多，农牧民转产难度大。

生态环境保护和建设以及水质、水量的控制，既投入了大量的人力、物力和财力，又丧失了许多发展机会。青海省经济发展、财政收入、群众

---

① 调研获得资料，时间节点为2012年10月。

② 崔永红、张生寅：《明代以来黄河上游地区生态环境与社会变迁史研究》，青海人民出版社2008年版，第374页。

收入以及就业受到限制和影响。现行生态修复与保护政策并未完全取得预期效果。青海省生态治理区域面积大，建设速度跟不上。而青海省经济发展滞后，自身能力无法完成这一浩大的保护和建设重任。草地资源已难以维系牧民人口的增长需求。

（三）污染减排工作难度大

随着污染减排工作的深入开展，环保任务日益加大，各州（地、市）县环保机构不健全、人员匮乏已严重影响各项工作的开展。一些地区的环境保护工作还存在很大差距，落实科学发展观和正确政绩观的自觉性、坚定性不够，工业企业重数量轻质量、重效益轻环保、重眼前轻长远的发展意识还不同程度地存在。随着经济的持续快速增长、城镇化水平的提高，污染减排任务将更加艰巨。

四　青海省生态保护法律存在的问题

青海省生态保护的繁重任务，需要完备的生态系统保护法律制度，需要符合本地实际的制度规范和政策设计。但目前青海省生态系统保护法律尚存在许多问题。

（一）生态法理念方面存在的问题

法律理念是立法、执法以及遵守法律的前提，法律理念引导人们的行为，指引人们从事法律活动。生态系统保护既需要相关部门领导法律理念的转变，更需要区域内普通群众树立良好的生态法律理念。但据课题组调研问卷的结果，许多干部群众的生态保护法律理念并不符合生态系统保护的要求，需要做大量的引导工作。

（1）干部群众长期受到人类中心主义的影响，依然认为人类是生态环境的主人，自然处在被人支配、为人服务、供人使用的地位，从立法部门到执法部门的工作人员基本都持这种人类中心主义的态度，普通群众对生态法律理念更缺乏清晰的认知。①

（2）尚未形成区域生态系统综合管理的观念和传统。② 有关部门依然按照传统的要素分割进行条块管理，缺乏生态系统综合性、整体性观念，这种各自为政的管理方式制约了系统的完整性和统筹性，反过来影响了生

---

① 曹明德：《生态法新探》，人民出版社 2007 年版，第 2 页。
② 赵绘宇：《生态系统管理法律研究》，上海交通大学出版社 2006 年版，第 166 页。

态保护观念的更新。在对生态问题的认识上，注重重要性认识，缺乏系统性思维。

（二）区域生态系统立法问题

生态系统保护地方立法水平不高，缺乏系统性、操作性、地方性。根据课题组2012年对青海省生态保护相关地方立法（含地方性法规、地方规章及其他规范性文件）的统计分析，青海省生态保护地方立法存在如下问题：

（1）生态保护地方立法虽有数量，但存在质量不高的问题。在涉及同类法律关系时，许多地方立法基本都与相应的上级立法文本重复或简单删减，或者与其他地区同类立法相差无几，存在此类地方立法有无必要的问题。

（2）地方立法制度创新不足、可操作性不强，结合地方实际不够。由于不少法律文本属于自上而下的重复表述，因此地方立法最应具备的地方特色不够，制度缺乏操作性，执行起来难度大或者令执法者无所适从，更谈不上制度创新。

（3）系统性不足。生态保护法律本应具备完整的系统性以满足生态系统的要求，但目前地方立法各自为政，各法律文本缺乏必要的衔接，生态保护法律形不成完整的体系。

（4）地方立法未引入区域生态系统综合管理理念。青海省生态保护地方立法依然按照部门分割、要素分离的方式，生态系统保护领域的各类法律关系，没有引入生态系统综合管理新理念，难以满足综合生态系统管理的要求，很难将生态系统作为有机统一整体保护。①

（5）青海省生态系统保护地方立法依然采用环境污染治理的模式。立法重点依然是"第一代环境保护法"中的污染防治和环境治理。② 虽然近几年制定的部分地方立法突出了生态系统保护，但从现行有效法律文本的数量看，环境保护地方立法数量占优势，多数是环境保护的配套法规和规章，这些法规规章中依然将资源利用作为重点，在生态系统保护方面处在被动局面。这种地方立法现状与生态文明建设的目标相差甚远，与青海省生态立省战略的要求存在很大的差距。

---

① 赵绘宇：《生态系统管理法律研究》，上海交通大学出版社2006年版，第23页。
② 同上书，第17页。

（三）生态保护法实施存在的问题

（1）法律宣传不够。青海偏远地区的农牧民，文盲半文盲比例很高，不了解生态保护的相关法律规定，其遵守法律是基于习惯、道德或者宗教信仰，而违法者往往是懂得法律规定的。比如，在可可西里猎杀藏羚羊的违法犯罪分子，为了非法利益铤而走险；在青海湖捕鱼的违法犯罪分子，为牟取非法利益而触犯相关法律。

（2）行政执法中存在执法难问题。具体表现为执法的随意性较大，执法条件差、物质保障不足等。也存在执法部门相互扯皮问题，有利益相互争夺执法权，无利益相互推诿执法责任。生态保护涉及全省大部分国土面积，涉及环境、草原、林业、水利、畜牧等多个行政部门。一些违法行为没有及时查处，导致群众认识上出现错误，群起效之，出现法不责众现象。课题组在大通县宝库地区调研时发现，农家乐等餐饮场所直接将垃圾扔进河道，厕所修建在河道边，排泄物直接排放到河里，行政部门对这类违法行为疏于管理，导致河道污染。由于全省生态保护涉及面积广阔，行政执法事项很多，而执法人员相对较少，执法经费缺乏，物质保障难以满足行政执法需要。

（3）监督乏力，执法监督缺位。现行法律监督规定不能适应生态保护的需要，尤其不能适应区域生态系统综合管理模式的要求，表面上生态保护关乎各个部门，实际上各部门缺乏严格责任。

第二节　国际生态保护法律发展及启示

一　国际生态保护理念的演变

在人类与自然界的关系方面，人类的认识与态度转变有一个循序渐进的过程。起先人类仅仅是自然界中的普通成员，相对于自然界的其他成员，人类并没有力量优势和道德优势。早期人类是自然界中的"弱势群体"，人类敬畏乃至膜拜自然界的力量。

随着人类社会的进步，人类掌握的科学技术手段使得人类逐渐以征服自然力量为能事。尤其近代社会建立在机械论世界观基础上的牛顿力学和笛卡儿哲学观的发展，使得人类认为自己才是整个生物圈的中心。比如，亚里士多德等人就认为，自然界存在的目的是为人类服务，植物存在的价值是符合动物的需求，其他动物存在的价值在于满足人类的需要。① 康德认为，动物只能作为工具来使用，动物不可能是理性存在。笛卡儿的观点是动物感受不到伤害，动物没有心灵。以人类作为自然界的中心和主人，其他物种存在的原因仅仅是为满足人类的需要，缺乏内在的价值和理性。在这种人类中心观的支配下，人类为满足自身需要，肆意支配世间万物，最后导致近代社会引发大量的生态灾难。②

随着社会发展和生态灾难频发，人们开始对长期秉持的人类中心观进行反思。许多西方学者对以人类为中心的生态主张展开批判。尤其是达尔文的进化论观点，打破人类的盲目自大和唯我独尊，将人类重新回归到自然界，人类不是自然界的主宰，而是自然界万物中普通的成员。既然人类是从高等动物进化来的，那么其他动物乃至植物依然应该有其内在的价值和存在的理性。

英国学者汤因比在对近代生态灾难产生的原因进行分析后，认为科学技术发展进步和人类和谐观念的丢失，引发了生态灾难的发生，人类应为自己的行为负责。③ 20 世纪 60 年代以来，基督教绿色化过程中提出了生态神学的主张。认为上帝是地球上的最高权威，因此上帝所创造的这个世界上任何成员都不能支配其他成员的命运。

生态神学家对上帝托管理论重新做出解释，自然和人类都是上帝的共同公民，都享有某些不可让渡的、由上帝恩赐的权利，因此人类虽然有权治理甚至利用自然，但人类在这样做时必须充分认识到作为上帝之国组成部分的自然的内在价值。有的生态神学家认为，人类作为上帝财富的诚实托管人，应当避免那种傲慢的人类中心主义式的统治，不能把自然界仅仅看作具有工具价值的实用客体。相反，人类不应该把环境设想为某个主人的家园，而应把人设想为一位客人。地球不是人类的财产，人类不过是租用了一个被称为自然的公寓，人类并不拥有征服和掠夺那最终不属于他的事物的绝对自由。教皇约翰·保罗二世在 1989 年宣告，世界和平不仅受到地区冲突和人类与自然界之间不公平待遇的威胁，而且也受到对自然界的不尊重、自然资源的过度开发和生活质量迅速恶化的威胁，每个人都要

---

① 曹明德：《生态法新探》，人民出版社 2007 年版，第 2 页。

② 同上书，第 3 页。

③ 同上书，第 4 页。

对生态危机负责。[①]

20世纪70年代以后，学界认为导致生态危机的思想根源是人类中心主义。随着生态中心论的兴起，权利主体和伦理的共同体逐渐从人类扩展到动物，并从动物再扩展到植物以及所有的生命体，进而扩展到土地、岩石、河流乃至整个生态系统。仁慈主义者倡导要仁慈地对待动物，避免或减少动物遭受不必要的痛苦。仁慈主义运动促成了第一批动物保护法的出现。1822年，英国议会通过了《禁止虐待家畜法案》，1876年英国通过了《禁止残酷对待动物法》。到了19世纪，塞尔特在《动物权利与社会进步》一书中指出，如果人类拥有生存权和自由权，那么动物也有，两者的权利都是天赋权利。[②][③]

生态中心主义者研究的立场仅仅放在生态的本位上，有意无意地忽视了人类本身所存在的许多问题，在人与人之间、人与自然之间的两大关系中，更应该反思人与人之间关系所面临的突出问题。可持续发展伦理观是一种新型的生态伦理观，它既超越了人类中心主义价值观，也是对当代以生态中心主义为代表的非人类中心主义的革新。

可持续发展伦理观认为，人与人的关系、人与自然的关系同等重要，处理好两大重要关系，应立足于可持续发展的理念。这种理念就是既能满足当代人的需要，又不损害后代人满足其需要的能力的发展。可持续发展伦理强调公平概念，这一概念既包括代内公平，又重视代际公平。1980年颁发的《世界自然保护大纲》，首次较为系统地阐述了可持续发展理论。联合国世界环境和发展委员会1987年的专题报告《我们共同的未来》，正式对可持续发展理论做出了明确定义，即"寻求满足现代人的需要和欲望，而又不危害后代人满足其需要和欲望的能力"[④]。联合国环境署1989年5月通过了《关于可持续发展的声明》，在1992年联合国环境与发展大会上就可持续发展观点达成共识。会议通过和签署了《21世纪议程》《里约环境与发展宣言》《关于森林问题的原则声明》《生物多样

[①]　曹明德：《生态法新探》，人民出版社2007年版，第5页。

[②]　曹明德：《从人类中心主义到生态中心主义伦理观的转变——兼论道德共同体范围的扩展》，《中国人民大学学报》2002年第3期。

[③]　曹明德：《生态法新探》，人民出版社2007年版，第10—12页。

[④]　张晓君、张辉：《生态环境保护的国际法理论与实践》，厦门大学出版社2006年版，第44页。

性公约》及《联合国气候变化框架公约》等重要文件。① 可持续发展观的确立，为生态法学提供了坚实的伦理学基础。

二　国际区域生态保护立法发展

现代各国生态保护领域立法，主要涉及自然保护、环境污染防治、自然资源开发利用等方面。一般来说，自然保护尤其是其中自然资源利用方面，有比较早的起源，而污染防治立法因各国的工业化进程不同而有所不同。20 世纪 60 年代开始，各国及国际社会加强了环境资源领域的立法，在生态立法进程中，各国国内法与国际立法相互促进、协同发展。早期立法中，许多国家主要以单行法为主，侧重于自然资源的利用或者侧重于防治工业发展造成的某些环境污染问题，以保护人类的健康。当时，立法部门没有认识到环境问题是一个整体的系统的过程。立法过程中主要重视单个种类的污染问题，如大气污染防治、水污染防治、森林资源的保护等。这种以自然界单个要素为重点的立法模式被称为"第一代环境法"。第一代环境法在实施中逐渐发现并不能完全解决环境问题，尤其不能实现生态保护的目的。

随着生态伦理观念的更新，尤其随着生态中心主义的发展，生态保护的重要性不断被各国认识，在立法实践上，第一代环境法逐步向第二代环境法过渡。环境法的立法内容从重点关注污染治理转为生态系统的整体性保护。许多国家在立法中将生物多样性保护、湿地保护乃至土壤保护，作为环境立法的关注点。

随着观念转变，国际立法中也取得了一些实质性成果，如《生物多样性公约》等。20 世纪 70 年代以后，各国环境保护立法进一步完善，如美国、日本、哥伦比亚等国家都制定了专门的环境保护法律。在可持续发展观在一定程度上得到全球多数国家认可的情况下，各国立法中出现了许多超越部门、领域、行业的综合性环境资源法律。如 1990 年韩国制定的《环境政策基本法》、1993 年日本颁布的《环境基本法》、1999 年瑞典的《环境保护法典》。另外，秘鲁、厄瓜多尔、多哥、法国等也都制定了环境保护基本法律。

这些法律大多着眼于环境资源开发与利用、保护与改善等，将社会发

---

① 曹明德：《生态法新探》，人民出版社 2007 年版，第 50 页。

展、经济增长与生态保护统筹协调，体现了可持续发展的基本理念。丹麦、英国、希腊、法国、荷兰、葡萄牙等国制定法律或者修改法律来实现污染预防的政策理念。学界中也逐渐将"生态法"或"生态保护法"概念引入环境法领域，并努力以生态保护来替代或升级环境保护，截至目前，有许多学者开始认可"生态法"或"生态保护法"概念，一些国家的立法实践也逐步引入了生态保护法的概念和范畴。①

三　国际生态保护法律对青海的启示

（一）立法理念的启示和转变

作为国家重要的生态保护区域，青海省制定了生态立省战略，期望通过生态保护和修复转变长期以来形成的生态破坏局面，是一个长期的历史过程，既需要立法机关制定完备有效的地方立法，也需要行政执法部门切实严格地执行法律，更需要普通群众自觉遵守生态保护法律，使保护生态成为人们的生活习惯。这种复杂的系统工程需要解决人们理念上的问题，树立良好的生态保护理念，正确认识和处理人与人之间、人与自然之间的和谐关系，才能从基础上做好生态保护的文章。

从国家高度看，虽然青海省处在非常重要的生态战略地位，但长期以来一方面由于国家经济发展滞后，难以投入巨资解决生态问题；另一方面经济发展速度长期作为所有工作的重点，生态保护被有意无意地疏忽。而且中国经济以区域作为经济发展核算单元，在中东部地区经济高速发展过程中，位于西部偏远地区的青海省始终处在后发展状态，也不可能通过某种制度安排获取生态保护应得的补偿，因此地方政府对生态保护问题缺乏应有的重视。在这种情况下，青海省生态持续恶化，作为三江之源的青海地区，水资源污染严重，草原生态被破坏。现在将青海省的生态问题上升到国家层面予以关注，三江源自然保护区的建立和建设，生态移民工程的实施等举措，在短期内取得了一定的效果，但长期实施生态保护，则要从人们的观念入手。

国际生态保护理念的演变及生态保护经验告诉我们，原有的人类中心主义的生态理念是造成青海生态问题的思想根源。要摆脱目前的困境，则

---

① 张晓君、张辉：《生态环境保护的国际法理论与实践》，厦门大学出版社 2006 年版，第 31 页。

需要树立可持续发展生态理念，树立生态系统的整体性和系统性理念。既要青海本地的干部群众树立可持续发展理念，也要从国家层面树立可持续发展理念，以便使青海生态保护成为国家的事、大区域的事，只有这样才能尽快建立起生态补偿制度，保障青海生态保护的可持续性。

（二）区域地方生态立法要符合自然规律

我国环境保护法处在第一代环境法向第二代环境法过渡的阶段。在环境保护法律方面，处在从污染防治、治理到预防，从分要素立法到生态系统综合立法的转轨过程中。要在较短的时期内对国家立法做全面调整，是一件难度很大、可行性较小的事情，而青海省刚好具有生态保护法律转变的优势条件，在三江源自然保护区作为国家生态文明建设的试验区的引领下，通过地方立法来修正或弥补国家立法方面存在的问题，是非常重要而有操作性的立法工程。因此青海省应加快生态保护立法，走在生态文明建设的先行梯队。首先，对原有地方立法作进一步修正，以满足生态保护的现实需要，消除地方立法之间的冲突；其次，对国家尚无明确规定，但青海生态保护急需的问题，抓紧制定地方立法，以地方立法弥补生态保护法律的漏洞；再次，制定好重点区域的单行法规，如《三江源自然保护区条例》《青海湖保护条例》等；最后，对生态补偿制度制定地方立法。

（三）要引入综合生态系统管理的理念和模式

生态保护要遵循自然规律，按照生态本身的需求和特点，因地制宜地制定政策并实施保护。有的区域生态需要恢复，有的生态系统需要修复，有的生态系统需要建设，总之，生态系统自身有其自然规律性，找到并遵循规律是搞好生态保护的首要任务，只有找准规律，按规律办事，生态保护才可能取得预期效果。长期以来我们按照生态要素、分地区、分要素、分部门管理生态保护，但生态首先是一个区域性的，在一个生态系统内部，各要素之间相互关联，并不像人为的简单的分类，因此必须打破地区行政区划限制，综合生态要素、综合管理部门，形成符合生态系统规律的管理模式。[①] 青海省国土面积辽阔，生态系统多样，区域生态差别很大，如果用统一的管理模式，势必产生事倍功半的效果。因此青海省生态系统保护，不管是地方立法，还是生态工程建设，都需要分类、分区域、综合性地予以建设和管理。如青海高寒草原系统、东部农业区生态系统、矿产

---

① 赵绘宇：《生态系统管理法律研究》，上海交通大学出版社 2006 年版，第 132 页。

资源开发区生态系统等。

（四）遵循生态系统规律改革行政管理体制

生态保护与建设过程中，必须要根据生态本身的规律制定并实施建设工程。水利、土地管理、林业、农业等部门在生态建设中统筹安排，要建设林地、荒地、草地，都需要土地、气候、水利乃至海拔等因素制定规划。在现行要素管理模式中，林、草、水、土等分别由相关部门管理，生态恢复涉及资金安排与建设项目，各部门之间自然产生利益和权力的冲突。每个部门都愿意争取更多的资金和建设工程，如果按照现行管理模式，水利部门管理水土保持建设，林业部门主管植树造林建设等，各部门都愿意在争取的项目中扩大自己管理的生态要素，因此不一定就符合生态规律。结果往往是在适合种草的地方植树造林，在适合造林的地方种植牧草，不能见成效的地方大搞水土保持。有时候，在同一区域内，各主管部门相互攀比，各行其道建设生态项目，其结果是相互脱节，难以达到生态保护的效果。因此要按照生态系统规律改革现行管理体制，要使行政体制符合生态自然的需要，而不是由行政体制来决定生态的属性和规律。

第三节　青海省生态系统保护的区域重点

青海省要依法保护生态，必须因地制宜，以区域生态系统保护理论对青海省生态系统进行区域划分，对不同区域进行不同方式和重点的保护，才可能取得实质性的保护结果。青海省全省面积为 72 万多平方公里，其中草原面积大约占国土面积的一半，另外一半国土面积为矿区和农业区域，根据青海省实际，应该根据以下重点区域进行分类保护。

一　以三江源为核心的草原生态系统保护

青海省拥有天然草场 5.47 亿亩，占全省国土总面积的 51%，占全国可利用草原面积的 15%，是我国五大牧区之一。青海省可利用草地面积 3160 万公顷，其中荒漠草地 697 万公顷；高寒草原和高寒草甸 2746 万公顷。[①] 青海省是我国五大草地畜牧业发展基地之一。生长着天然牧草 940

---

① 《青海一亿多草原实现退牧还草生态恶化得到遏制》，中华人民共和国中央人民政府网站（http://www.gov.cn/jrzg/2010-01/04/content_1502507.htm）。

多种，其中营养价值较高的优良牧草 190 多种，具有含粗蛋白质、粗脂肪、无氮浸出物高、粗纤维低的特点。饲养的草食性牲畜主要有藏系绵羊、牦牛、马、骆驼、山羊等，普遍耐高寒、耐粗饲。尤其牦牛是青藏高原优势畜种，数量居全国第一位，占全世界牦牛总饲养量的 1/3。改革开放初期，挖砂采金、乱建滥挖等人类破坏活动，造成了草原沙化现象。由于超载、超牧引发草原退化，再加上草原地区流动人口增加，采挖冬虫夏草等药材等活动，进一步加剧了草原破坏，致使生物多样性和物种多样性锐减，生态环境恶化的趋势难以有效遏制。因此草原生态系统保护应作为青海省生态保护的重点。

（一）草原保护法律规制

草原生态系统保护的地位不言而喻，必须切实考虑草原保护的有效性，《草原法》对此有专门规定，草原保护应当成为民众自觉的意识和行动。三江源自然保护区的设立，为该地区的草原保护起到了重要的作用，一系列生态工程的实施，基本上遏制了该区域生态快速恶化的势头，取得了一定的生态建设成效。但青海草原属于高寒草原，生态破坏严重，生态恢复难度大、周期长、见效慢，短期内通过大量投资取得一定成绩是比较容易的，但生态恢复需要长期的实践才可能产生应有的效益，需要对长期保护做必要的法律制度和物质准备。必须看到，现行生态移民等保护工程可能出现反复，达到预期效果尚需时日，对此不可掉以轻心。

从地方立法角度看，2017 年 6 月 2 日，青海省第十二届人民代表大会常务委员会第 34 次会议通过并公布《三江源国家公园条例（试行）》，并于 2017 年 8 月 1 日起施行。该条例分总则、管理体制、规划建设、资源保护、利用管理、社会参与等八章内容。这标志着我国首个国家公园体制试点的各项管理与保护工作今后将有法可依。但三江源国家公园以外的草原生态系统也非常脆弱，保护的重要性也很突出，在侧重某一区域保护的情况下，往往会忽视其他区域。这种顾此失彼的保护现状可能带来不应有的后果。另外从制度层面看，草原承包经营权落实以后，草原生态系统保护有许多制度性问题。近几年草地承包经营权流转为生态系统保护带来某些不利影响。流转后取得草地经营权的主体往往只注重眼前利益，超载现象严重，导致草原生态出现新的恶化趋势。

（二）生态移民法律问题

为了保护草原生态，青海省实施了生态移民工程，取得一定的成绩，国家投资解决牧民眼前困难，但生态移民引发了许多新问题。

首先，从法律上来看，国家通过设立三江源国家公园，以生态移民模式解决草原生态保护问题。但如果政策的设定目标是，三江源移民在可以预见的期间，不得再回归到其拥有草原承包经营权的草原上从事畜牧业生产，那么无疑国家是通过类似征用的法律程序来剥夺或限制牧民对于草原的使用权，这样就有一个对价问题，目前通过移民生活补助来解决当下问题，但长远问题如何解决？[①] 因此，生态移民的草原承包经营权如何保障是个需要切实研究的法律问题，不能单靠短期政策的调整达到目的。

其次，生态移民还涉及牧民的社会保障问题。目前的移民补助发放是有期限的，关于生态移民的长期问题需要靠社会保障才可解决。社会保障问题不能解决，必然会成为牧民返乡的一个导火索。因此有必要完善针对生态移民的社会保障制度。

最后，必须切实保障生态移民的利益诉求权利。生态移民在三江源自然保护区建设中作出了牺牲，改变了其原来的生活习惯，必然遇到无法设想的困难。有许多问题不是制度设计者预想得到的，在与政府博弈的过程中，生态移民处于弱势，因此保障移民利益诉求权利，及时了解移民利益诉求并解决实际问题，并在生态建设中认真听取移民的意见，让移民真正成为生态建设的主人，才可能使生态保护达到事半功倍的效果。

（三）草原生态旅游法律问题

作为拥有青藏高原独特生态资源的青海省，近几年旅游收入大幅度提高，旅游产业的地位显著提升，这是青海经济发展的一个重要转变。青海省生态最脆弱的是草原系统，必须注重以草原为主的生态旅游法治建设。目前青海省整体旅游设施建设不足，草原生态旅游处在自发状态，随着"大美青海"宣传力度的加强，青海作为旅游目的地，越来越受到旅游爱好者的关注，尤其是夏季避暑旅游是青海旅游的重点，草原正在迎来旅游的繁荣时期。首先，必须通过立法建立健全草原旅游的规划，青海草原辽阔，景色秀美，但同时草原生态脆弱，旅游规划中必须解决草原生态保护问题，全面而超前的旅游规划既可以保证草原旅游成为青海旅游业的经济

---

① 崔永红、张生寅：《明代以来黄河上游地区生态环境与社会变迁史研究》，青海人民出版社 2008 年版，第 376 页。

增长点，又可以作为宣传生态保护的重要平台。其次，草原旅游要立足生态保护，将草原旅游与民族文化有机融合。青海属于多民族地区，草原旅游不仅是自然景观，也是多民族文化融合的良好展示舞台，在草原生态旅游立法中要注重文化与自然景观的融合。最后，草原生态旅游要成为体现生态文明先行区的实验平台。注重以旅游体现草原的生态价值，注重以旅游推动当地民族文化的进步和民族团结、共同繁荣。

二　以柴达木为核心的资源开发区生态系统保护

（一）矿区生态系统法律保护

作为青海省开发的重点地区，矿区生态系统保护的重点是水资源、大气污染、循环经济、矿区生态恢复以及固体废矿处理。必须严格执行现行法律法规，切实做好矿区资源开发中的环境评价与保护。尽管青海省以地方立法加大矿区资源开发中的生态保护，如 2001 年 8 月 1 日起施行的《青海省盐湖资源开发与保护条例》、2009 年 12 月 27 日起施行的《青海省木里焦煤资源开发利用与保护办法》等，但实施中有不少问题，一些地方政府以经济利益为重，放松或默许不符合条件的企业盲目开采，造成资源的巨大浪费和生态新问题。必须将矿产资源开采与生态保护紧密结合起来，明确禁止开发的区域和矿产种类。强化行政执法，规范矿产资源开发中的招商引资，加大执法力度，正确处理矿产资源开发与生态系统保护之间的关系。

（二）以循环经济解决矿区生态保护与经济发展之间的关系

矿产资源开发在青海经济中具有重要的地位，但青海省又是国家重要的生态功能区域，要解决二者的矛盾，必须在发展循环经济方面做文章。随着柴达木循环经济试验区的建立，青海省在逐步探索一条化解矿区生态保护与经济发展矛盾的道路。第一，摆正循环经济发展中矿区生态保护的位置。尽管矿区生态与草原生态保护相比有自身的特点，矿区属于青海省重点发展区域，但矿区生态保护的重要性不容忽视，尤其是水污染和大气污染的防治要放在突出位置。第二，矿区发展是青海省生态保护的经济支撑，青海矿区不能走简单的开采矿产、出售矿产资源等原材料的低级发展道路，要综合开发，提高资源的循环利用，坚决遏制开采富矿抛弃贫矿的作业方式。第三，要实现矿产资源开发的可持续性，通过矿产资源开发，治理矿区恶劣的生态环境，实现矿区乃至青海省的脱贫致富。第四，要通过循环经济新理念，注重引导企业、民众可持续发展，摆脱短期效益模式。

三 以"两河流域"为核心的农业区生态系统保护

青海境内黄河上游两岸和湟水河流域是青海省主要的农业区，该区域生态系统既不同于草原生态系统，也有别于矿区资源生态系统，其主要的生态保护体现在退耕还林制度的完善、城乡生活污染排放治理、工农业生产污染排放治理以及森林保护等方面。

（一）退耕还林（草）制度完善

（1）延长青海省退耕还林（草）补助年限。青海省退耕还林（草）种植的林（草）要注重生态效益，退耕还林（草）主要起到生态保护作用。维护退耕地的生态现状，农民得不到应有的经济利益。

（2）应提高对退耕还林（草）农牧民的补助力度。实施退耕还林的地区都是贫困山区，农业基础设施比较差，农业单产较低。应加大对农民基本口粮田基础设施建设补助力度。

（3）转变生产方式引导农牧民群众走集约化生产方式。目前青海省农牧业规模企业缺乏，牛羊育肥、设施农牧业处在起步阶段，农牧民增收难度加大，因此要扶持相关产业发展。

（4）加大农村新能源建设与开发力度。退耕还林（草）工程实施后，传统的农作物秸秆、林木等燃料缺乏，农村燃料问题显现。解决这一问题需要统筹安排，积极引导农牧民使用新能源。根据课题组调研，近几年实施的沼气工程由于气候等原因，并未发挥积极作用，利用太阳能、风能等能源替代传统燃料应成为重要选择。同时青海水电资源丰富，应通过优惠政策让农牧民群众使用水电资源解决生活需要。

（5）对退耕还林土地的生态效益建立长期评估机制。目前青海省退耕还林的土地很多仍然属于荒地，效果不明显，管理不完善，有必要建立生态效益长期评估机制。

（二）城乡生产生活污染法律规制

近几年来，青海省西宁市、海东市、海西蒙古族藏族自治州和湟水流域为环境污染治理重点，积极推进水、气、噪声、固体废物的综合性污染防治，编制完成了《湟水流域水污染防治规划》等，组织实施了《青海省环境保护"十一五"规划》《青海省城市饮用水水源地环境保护规划》

等规范性文件，有效指导和推动了全省环境保护工作。① 然而，以黄河沿岸和湟水河为重点的东部农业区却是青海经济、政治、文化的中心，也是污染治理的重点区域，需要重点规制以下几个方面：

（1）工业生产污染排放。湟水河流域聚集了主要工业生产区域，污染减排压力任务艰巨。西部大开发以来，西宁市、海东市的工业生产园区主要位于湟水河沿岸，因此该区域污染物减排任务是否切实完成，直接关系到青海农业区生态系统保护。

（2）生活污染物排放。青海省绝大多数人口集中生活在该区域，城市和农村生活污染治理成为一个不可忽视的重大问题。调查发现，许多城镇农村生活垃圾在没有进行任何处理的情况下直接排放到河道中，或者露天堆放，在大风、暴雨等自然现象的作用下，这些垃圾最终直接流入河道或遍布村镇。有些地方的居民直接将厕所或牲畜养殖场所修建在河道旁边，将人和动物粪便直接排放到河道中，尤其是水源地如大通、互助等地的生活垃圾进入河道对整个湟水河的污染不可小视。据调研，这种村镇生活污染基本上处于无人管理状况，没有执法部门或机关进行污染防治宣传，更不用说执法和处理。

（3）农业生产污染物排放。青海农业区的农业生产污染也相当严重，滥施化肥、农药等造成的损失和生态危害也处于放任状态，大量农膜使用后不及时清理和处置也造成农村普遍污染，对此没有部门相应管理。

城乡生产生活污染治理必须从完善地方立法入手，加大宣传力度，确定相关领域主管部门，应将农业区生产生活污染治理纳入日常管理中。否则，即使是诸如三江源自然保护区工程搞得再好，退耕还林工程投入再大，青海全省生态系统保护仍然会事倍功半，黄河长江流出青海时仍然无法保证其水质的优良。

（三）森林保护法律规制

青海全省林地面积为 309.66 万公顷（4644.9 万亩），占全省总土地面积的 4.3%。从全国来看，青海属森林资源贫乏的省份。作为青海主要农业区的海东市，平安、民和等地不少小企业在从事木材初加工经营活动，大都没有相关木材加工合法手续。许多农民将林木作为经济收益来

---

① 王春燕：《青海环保工作成效显著 城镇污水日处理从零到 20 万吨》，《西海都市报》2009 年 12 月 25 日。

源，不可能考虑到青海林木的生态效益远大于经济效益。为此，应当借林权制度改革的契机，探讨对农民林木的生态补偿，减少农民对现有林木的砍伐，加大执法力度，对全省农业区的林木加工企业进行严格管理，并尽可能取消存活林木的交易。

第四节　加强生态系统保护的法律与政策建议

一　加强生态保护法律建议

（一）转变生态保护观念，树立可持续发展的生态理念

目前，发达国家已经广泛接受综合生态系统管理理念，将其作为生态保护的指导思想和模式选择，青海省作为国家生态文明建设先行区，应树立全新的生态保护理念。

首先，生态保护中融入现代自然科学和人文社会科学最新研究成果。生态保护工作既和人们的思想观念息息相关，也和人们对生态科学的认识密切相关，新的观念和新的技术相互配合能够很好地推动生态保护工作，因此必须将人文社会科学和现代自然科学的最新研究成果纳入生态保护之中。

其次，我国现行的行政管理制度在一定程度上与综合生态系统管理模式契合。我国现行制度中既有按照生态要素管理的主管部门，如林业、草业、农业、水利等，但同时也有综合管理生态保护的部门，如环境保护、发改委等，这种统分结合的行政管理体制在一定程度上符合综合生态系统管理模式的制度要求，为我国生态保护的综合管理模式奠定了制度基础。

最后，借鉴发达国家生态保护取得的成功经验。目前国际上很多国家都开始以生态系统综合管理模式推进生态保护，诸如美国、韩国、瑞典等已经形成一套较为完备的系统的生态保护模式，并在各自的实践中取得了成功经验，这些经验值得我们借鉴和吸收，其中重要的理念和制度设计基础就是生态系统综合管理模式。

（二）完善青海省生态保护地方立法

国外生态保护理念演变和立法趋势研究，为我们完善青海省生态保护地方立法提供了有益借鉴，使我们对青海省生态系统保护法律制度完善有了更为清晰的认识，建议从以下几个方面进行立法完善。

1. 地方立法以综合生态系统管理模式为方向

作为国家生态保护重点区域，青海省应从完善地方立法入手。地方立法的立项、论证、调研、通过都必须有明确的立法方向。综观国外生态保护立法理念和立法实践，综合生态系统管理是一种逐渐被许多国家认可的模式，不明确这个方向，地方立法就会成为中央立法的翻版和复制，很难形成具有地方特色、适合地方经济社会发展的法律体系。从环境问题的历史来看，发达国家先后都走上了"先污染再治理"的道路，我国东部地区很多城市在一定程度上也走过这种道路。但对青海省来说，选择先污染后治理的道路是不行的，这是因为青海省特殊的自然环境和脆弱的生态系统决定了，青海省生态环境一旦遭到严重破坏，就可能永远都无法弥补或修复，生态不可恢复性是青海和内地的差别。因此，必须从起点开始就探索新的道路，不能靠环境污染治理和资源保护单行法来解决生态问题，只有采纳生态系统的综合管理模式才有可能达到预期目标。

2. 以生态区域为基础的立法模式

现行法律一个最主要的缺陷是按照生态要素制定法律并确定管理部门。同一生态要素，在不同的生态区域内也有其特殊性，而现行立法一般不考虑生态区域的特殊规律，只是人为地将生态区域划为不同行政区。实际上，从青海省生态现状来看，前面研究中所划分的草原生态系统、矿区生态系统和农业区生态系统就具有一定的典型意义，地方立法中将这种生态区域作为立法的基础，便于制定的法律满足区域生态的自然规律要求，更好地发挥生态保护作用。必须要由相关自然科学和社会科学工作者进一步地深入研究和论证，按照生态系统本身的属性和规律来对全省生态系统进行划分和归类，按照生态系统的自然属性差异来规定保护的重点和方式。并对不同区域不同生态系统制定相适应的制度。

3. 逐步废弃以生态要素为主的部门立法模式

现行环境保护法的主要支撑点是以生态要素分割作为立法的出发点，比如对水资源的保护、草原保护、森林保护、野生动物保护以及矿产资源保护等。行政机构中有水务部门、草原管理部门、林业部门以及土地管理部门等。为便于行政管理而人为地划分生态要素时，必将使一个要素管理部门只从本要素和本部门角度来看待问题，在行政管理中对生态总体产生不利后果。青海省生态保护地方立法，应该在一定的范围内改革当前按照生态要素立法的方式，以生态系统综合管理理念，将区域生态作为整体对待，按照生态系统区域的划分而不是沿用要素分割作为立法的基本出发点。只有这样才可能做到生态保护的完整性和系统性，从而在遵循自然规律的基础上达到保护生态的目的。

4. 以生态系统的区域确定立法级别

为了避免行政区域与生态系统区域之间的冲突，按照生态区域确定立法级别是一个很好的选择。目前我国不同层级的立法均以行政区划作为立法的层次，这种做法取决于我国现行行政体制。中央机构制定效力及于全国的法律、法规和规章，省、直辖市、自治区机构制定的地方性法规和地方规章效力及于该行政区域。具体到青海省，各州县的规章、自治条例或其他规范性文件只在该区域生效。这种立法体制不能很好地适应生态系统综合管理和保护的需要，因为一般情况下，生态系统区域与行政区划之间并不会必然的重合。一个区域生态系统可能涉及两个或两个以上的行政区划，那么提高该生态区域保护的立法级别可解决问题；也可通过联合立法或者相关地方对同一法规由各自立法机构分别通过，以此解决问题。①

（三）青海省生态系统保护法律的实施

如前所述，法律运行是一个集立法、执法、司法、守法、法律监督为一体的系统工程，单纯的立法只解决了制度存在的前提，要使已经生效的制度得到很好的执行，还需要法律的实施。没有法律实施，通过的法律只是存在于文字的文本。为此在完善立法的基础上，加强法律的宣传和执行，使绝大多数公民和法人自觉地遵守法律，对那些有法不依的单位和个人严厉惩处，才可能达到法律预期的效果。

1. 生态系统保护法律的宣传和普及

青海省绝大多数地区的民众，道德传统中就有生态保护的理念，如水是不能污染的，森林是不能破坏的，草场需要呵护，动物不可滥捕。要加强生态保护法律制度的宣传普及，让群众在传统道德基础上明确认识到这些观念也是法律制度的要求。只有广大人民群众才是生态保护的真正主体，没有人民群众的广泛参与，再完善的法律制度最终也会沦为毫无效力和权威的具文。

2. 引导群众成为法律的遵守者和监督者

一般情况下，生态违法行为的侵害对象是较为抽象的"公共利益"，

---

① 赵绘宇：《生态系统管理法律研究》，上海交通大学出版社 2006 年版，第 83 页。

其受害者一般为国家、社会或群众。即便法律设定了公益诉讼制度履行生态保护的义务，但实践过程中，履行生态保护义务的政府部门和其他国家机关难以全天候全覆盖承担保护职责。生态系统保护中，单纯依靠公权力主体是不够的。近几年发生的生态违法案件表明，一些公权力主体怠于行使权力，一些公权力主体囿于部门利益纵容乃至破坏生态，导致生态违法案件层出不穷。另外，在一些比较偏僻的地区，生态违法行为长期没有被发现和制止。而生活在该区域的群众则是生态系统的直接利益相关人，既可能是生态违法的主要群体，也可能是能够及时发现、检举、制止生态违法行为的最主要主体。因此，要通过宣传、教育引导群众自觉遵守生态保护法律，使之成为生态的守护者。也要设定相应制度，鼓励、支持当地群众发挥生态保护的监督作用。在互联网时代，通过群众监督和舆论监督的有机结合，能够及时发现和查处生态违法行为，取得良好的法律实施效果。

3. 生态系统保护要加强联合执法，完善综合执法

生态系统的整体决定了联合执法和综合执法能取得良好的执法效果，而现行按要素分部门执法难以适应生态的系统性要求。环保部门只考虑污染物排放，林业部门只考虑森林，水务部门只看水资源，则生态系统综合管理将成为空中楼阁。在重点保护区域的生态系统执法中，将涉及该区域的相关行政部门的执法权集中起来，从综合管理角度进行项目审批和违法行为查处，将会收到良好的执法效果。[①]

二 青海省区域生态系统保护政策建议

(一) 加大对干部的生态知识培训力度

青海省实施生态立省战略，需要干部队伍既具备良好的行政管理素养，也要具备相当的生态知识，人文科学与自然科学兼备才能做好生态保护的行政管理，因此，要在干部培训中增加生态知识内容，增加生态法律知识，提高生态保护整体素养。

(二) 完善生态保护考核体系

青海省在创新生态保护考核体系方面已经走在全国前列，目前青南地区不再考核 GDP，而是将生态保护工作和成效纳入干部考核体系。要完

---

① 张晓君、张辉：《生态环境保护的国际法理论与实践》，厦门大学出版社 2006 年版，第 210 页。

善生态考核体系, 树立正确的干部使用导向政策。只有从根本上转变干部对政绩观的认识和态度, 才能使生态保护工作可持续推进。

(三) 将生态系统保护纳入经济建设项目审批的必备要件

现行制度中尽管有经济建设项目环境评价和审批制度, 但更多的是关注污染物排放和污染治理, 属于被动性的管制。而生态系统保护需要主动的、区域的、系统的保护, 建设项目的规划立项和审批必须综合考虑生态系统得到完整和保护, 必须根据不同区域的生态特点进行建设, 建设必须符合生态系统保护的需要。单独一个部门难以对建设项目对生态系统的影响作出评价, 必须按照功能区的划分, 将生态系统保护和影响纳入建设项目的重点审批内容。

(四) 整合现行生态保护政策

除法律发挥应有的作用外, 政策也是目前生态系统保护的重要手段之一, 有必要对青海省生态保护政策按照生态系统综合管理需要进行修订。同时对现有政策进行整合, 既整合法律法规规章之间的冲突, 也整合法规与政策之间的冲突, 只有这样才可能发现存在的问题, 形成生态保护政策合力。

(五) 改革生态保护行政管理体制

前面论述中我们分析现行体制不完全适合生态系统综合管理模式需要, 为此有必要按照生态系统自然属性的规律对行政机构权限划分进行必要改革, 将生态系统综合管理的各要素部门中的相关权力进行合并, 专门整合为生态系统保护部门。

第三章

西部资源开发中的法律问题

　　资源在西部大开发中有特殊地位，尤其是经济落后资源富集地区，要实现跨越式发展，发挥资源的重要作用是深入推进西部大开发的主要抓手，也是资源优势转变为经济优势的主要方式。本课题将"资源"界定为矿产、水、能源、森林、土地、草场、气候等，以水电资源和矿产资源为典型代表。在此，以黄河上游水电及青海矿产资源开发为例，研究西部资源开发涉及的法律问题。

第一节　资源在西部大开发中的地位

一　西部是重要的资源战略基地

　　西部地区拥有丰富的矿产、土地、森林、生物等自然资源。其中耕地面积占全国的1/3以上，草地面积占全国的55.8%以上，水资源年均总量占全国一半以上，加上丰富的光照资源和生物资源，西部地区已成为我国能源、矿产和农产品的主要生产基地。[①]

　　西部的优势在于资源，西部产生矛盾的焦点也在于资源。资源利益分配是深入推进新一轮西部大开发战略实施中亟待解决的关键问题。自2000年国家实施西部大开发战略以来，广大的西部地区以其丰富的资源，作为国家资源基地，为整个中国经济的持续发展和化解金融危机起到了重要作用。但同时课题组在调研中发现，许多西部地区尤其是能源资源富集区，出现了守着资源继续过苦日子，望着水库没水喝，靠着电站没电用，住在煤山没煤炭烧等贫困现象。

---

　　① 林大泽等：《青藏高原矿产资源开发与区域可持续发展》，冶金工业出版社2007年版，第70页。

由于资源开发而引发的矛盾冲突与日俱增，资本在西部大开发尤其是能源资源开发中具有过于强势的话语权，与当地基层政府、资源地居民几乎丧失的意愿表达力之间形成明显反差。资源开发引发的局部地区群体性事件频发，当地居民、地方基层政府对资源能源开发越来越失望、越来越反感，社会心理失衡和不满情绪在加剧。① 实证研究表明，"资源诅咒"在西部资源开发过程中已经显现。② 本章将根据对青海境内黄河上游水电开发中移民问题以及青海境内矿产资源开发利益分享问题的调研，就深入推进西部大开发中的能源资源开发涉及的法律关系进行研究，进而提出西部大开发中的能源资源开发利益分享机制思路。

二 资源开发与西部大开发的关系

在西部大开发战略实施十余年后，继续推进西部大开发要从前十余年开发中汲取经验教训，必须站在西部大开发的历史角度对我国现行的能源资源开发政策进行审视。现行法律制度在制定的过程中并没有考虑能源资源与西部大开发之间的紧密关联度，而这种关联度要远远高于中东部地区。

改革开放初期，东部沿海地区尤其是经济特区之所以能在非常短的时间发展起来，与当时的大背景密切相关，与特殊政策相关，与全国各地的人才聚集、资金聚集相关，与特区的土地使用制度改革，简单地说就是国有土地使用权出让获取的大量资金相关。然而西部大开发十余年来，我们必须看到，除国家的重点建设和资金扶持外，西部地区通过自身发展的难度很大。有一些地区超速发展的直接原因，是其本身拥有的能源资源开发，才使其发展速度高于其他地区，如内蒙古自治区。其他改革开放初期东部地区率先发展的有利因素不复存在。广大的西部地区，诸如青海、西藏、新疆等地方，自然环境条件恶劣，人居环境不佳，依靠什么来跨越式发展是我们必须认真分析的基本问题。这个问题解决不了，分析不透，西部地区势必在深入推进西部大开发的战略背景下，即使国家继续加大投资，也可能很难达到预期的效果。

---

① 周天勇、张群：《青海黄河谷地发展战略》，中国水利水电出版社 2007 年版，第 143 页。

② 丁任重：《西部资源开发与生态补偿机制研究》，西南财经大学出版社 2009 年版，第 70 页。

（一）看政策

即使是西部大开发战略实施中国家有些特殊政策，但基于西部地区面积辽阔，占国土面积2/3的地区里推进西部大开发，已经不可能产生改革初期的政策引导和聚焦效用。由于涉及地区广阔，政策已经被稀释。也就是说，其实对西部地区来说，所谓特殊政策并没有特殊效果。除此之外，国家尚有东北振兴、中部崛起、东部率先等战略，因此，靠政策来推动西部大开发难以达到开发的结果。

（二）看人才

东部沿海迅速发展的一个重要原因是人才的聚集。改革初期，全国各地各行业的优秀人才、创新人才几乎在一夜之间都汇集到特区。改革开放前沿地区的优秀人才聚集与全国其他地区的人才流失，导致发展天平进一步倾斜。发展速度快的更快，慢的自然就更慢。现在推进西部大开发战略，优秀人才继续向东部沿海地区流动，人才并没有随着西部大开发战略的实施而回流。不管怎么做，西部地区不可能提供东部地区对人才的福利待遇和收入。人是理性的经济动物，在同等情况下会作出经济人选择。即使有部分人才回流，或者到西部地区工作，由于西部大开发地区面积大，人才难以形成聚集效应，因此西部大开发缺乏人才优势。靠优秀人才推动发展也是靠不住的。①

（三）看地理位置

地理位置在地区发展中有着非常重要的作用。世界上任何经济发达地区，基本上都与其优越或独特的地理位置密切相关。在我国，深圳、广州、厦门、杭州、大连等发达地区，其发展也与其优越的地理位置有直接关系。地理上的优势是先天的，是长期的，也是不可改变的，比如，北京作为首都，其经济发展根本就不是问题。相反来看，目前西部大开发战略实施的十二个省区市，能够较快发展起来的地区往往是地理位置有一定优势，也正是这种优势位置，其本身的发展条件要远好于其他地区，因此这些地区会形成一定的人流、资金流、物流等集聚效应。这样西部大开发势必出现第一梯队、第二梯队、第三梯队。而大多数西部地区缺乏地理位置优势，发展面临更大困难。

---

① 茶洪旺：《区域经济理论新探与中国西部大开发》，经济科学出版社2008年版，第165页。

（四）看气候环境

气候环境与人居、创业、发展息息相关，中东部地区对气候环境的选择没有过于明显的差异，但在一些气候环境恶劣的地区，气候环境往往成为制约发展且无法改变的因素。由于气候环境恶劣，人才流失；由于气候环境恶劣，影响生产生活，从而影响经济发展。非常典型的如青海玉树地震后重建难度很大，最主要的原因就是气候环境恶劣，高寒高海拔，一年之中施工期不到半年时间。这种地方发展经济，搞西部大开发，其难度可想而知。

（五）看资源

能源资源同样属于天然存在，属人力不可变因素。随着改革开放30多年的高速发展，地理位置优越、气候条件好、开发难度小的中东部地区能源资源开发基本处于饱和状态，甚至开发已接近尾声。为了维持经济的持续高速发展，必须以西部资源开发作为引领经济的助推器或加油站。

从我国资源能源分布状态来看，西部地区属于资源富集区。因此能源资源是西部地区借以发展的唯一优势。在前几个因素都不能推进西部经济发展的大背景下，如果再放弃西部能源资源优势，不从能源资源上做文章，则西部大开发战略这篇大文章肯定无法写成。因此，必须从能源资源是西部大开发的决定性甚至唯一性优势的高度看待问题，才可能从根本上解决问题。

第二节　青海境内黄河上游水电开发移民问题

一　水库移民规模与现状

青海境内黄河上游水库移民始于20世纪70年代龙羊峡的兴建，到2008年2月底，水库淹没和影响涉及3个州（地）、7个县、34个乡镇、120个行政村、2886户家庭、6.68万人。共征用海东地区、黄南州和海南州的循化、化隆、民和、尖扎、贵德、贵南等县耕地17.14万亩，草地2.32万亩，发放征地补偿费7.78亿元。[①]

龙羊峡水库移民。龙羊峡水库位于青海海南藏族自治州共和县境内，

[①]　青海省移民安置局青海民族大学课题组：《青海境内黄河上游水库移民问题》，《青海经济研究》2009年第6期。

第一次移民搬迁开始于 1979 年，1987 年结束，原迁人口 27167 人，返迁人口 1036 人；因水库水位上涨于 2005 年再次迁移人口 1868 人。2008 年 2 月现状后期扶持人口 29552 人，其中农业安置人口为 21200 人，占 71.7%；分散安置 1275 人，占 4.3%。在农业安置人口中库区后靠安置 7300 人，占 34.4%，县内近迁安置 13100 人，占 61.8%；迁县安置 800 人，占 3.8%。两次移民共投入安置资金 1.5 亿元，占电站总投资的 3%。①

李家峡、尼那水库移民。李家峡水电站位于黄南州尖扎县境内，尼那水电站位于海南州贵德县境内，两电站水库库区淹没涉及尖扎县、化隆县和贵德县、共和县等 5 个乡镇 13 个行政村。移民搬迁开始于 1991 年，结束于 1996 年。其中李家峡水库库区原迁人口 3443 人。2008 年 2 月两库区现状后期扶持人口 7142 人，其中农业安置人口 4630 人，占 64.8%。在农业安置人口中，库区后靠安置 730 人，占 15.8%；县内近迁安置 3000 人，占 64.8%；迁县安置 900 人，占 19.4%。

公伯峡、苏只水库移民。公伯峡水电站位于循化县与化隆县交界处，苏只水电站位于循化县境内，两电站水库库区淹没还包括尖扎县部分乡镇。2000—2004 年共原迁人口 8356 人。2008 年 2 月现状后期扶持人口 9062 人，其中公伯峡水库农业安置人口 2200 人，占 32.1%；在农业安置人口中，县内近迁安置 2200 人，占 100%。

直岗拉卡、康扬水库移民。这两个水电站都位于黄南州尖扎县境内。2002—2005 年原迁人口 2118 人。2008 年 2 月现状后期扶持人口 2942 人，其中直岗拉卡水库 608 人，康扬水库 2334 人。

积石峡水库移民。积石峡水电站位于循化县与民和县交界处，2006 年开始移民，当年搬迁安置了 605 人，全部采用库区后靠移民安置。预计还有 3000 移民待安置。②

二　水电开发移民存在的问题

(一) 水电开发移民补偿标准过低

龙羊峡大型水库修建时期，按照计划经济模式安置移民，以行政命令

---

① 青海省移民安置局青海民族大学课题组：《青海境内黄河上游水库移民问题》，《青海经济研究》2009 年第 6 期。

② 同上。

的方式搬迁移民，移民以对国家的服从和顾全大局为出发点，当时移民安置和补偿标准都很低，人均安置资金仅为 1170 元。当时移民管理单位挂靠原省电力局的龙羊峡水电站办公室，其职责是保证水库按时蓄水。移民问题没有进行科学论证和规划，安置区基础设施不完善，移民生活环境较差。整个移民工作存在"重工程、轻移民""重搬迁、轻安置""重生产、轻生活"倾向。移民搬迁过程中，采取强迫搬迁、命令搬迁、行政搬迁、政治搬迁等方式，移民基本没有讨价还价的权利和能力，完全按照业主（政府）要求被动接受搬迁。把移民安置看成简单搬家，乃至发生押解手段强迫搬迁的事件。从移民角度看，当时出于服从国家利益，听从政府号召，为祖国建设贡献力量。广大移民积极响应号召，积极配合政府要求，在很短的时间里完成了巨大的移民搬迁任务。龙羊峡水库共组织了 27167 人搬迁。李家峡水库移民每户安置费仅为一两万元，补偿基金只能用于建造房屋。20 世纪 90 年代以后，水库移民补偿标准有了提高，有些项目补偿标准还是偏低或不到位。青海属于高寒草原，草地产出不高，补偿年限偏低，最终落实的补偿费很低。①

（二）安置条件差

早期水电开发基本没有移民安置规划，后期业主虽编制移民安置计划，但该计划主要是用于水电站开工核准。实际操作中前期核准的移民安置计划基本不用，在水电站核准以后重新编制，一个电站实际有一虚一实两套移民安置规划。实际执行的是没有经过论证、科学性不足、操作性较差的后期规划。而水电站建设按照原核准计划进行，导致移民安置中出现许多问题。青海境内黄河上游地区自然条件艰苦，最适宜于人类居住生活的区域是移民搬迁前居住的黄河谷地，这些小区域在黄河沿岸，气候温润，适宜于人类居住和农业生产，地势平坦、灌溉条件好、土地肥沃。而用于安置移民的往往是海拔较高、土地条件差、农业生产和生活不便的坡地，就地靠后的安置只能将移民安置在水库上游的山坡，水利灌溉往往需要多级提灌才能完成。

（三）移民贫困问题突出

青海境内黄河上游水库移民所涉及的海东市循化县、化隆县、民和县，黄南州尖扎县，海南州贵德县、贵南县等 7 个县中，有 4 个是国家级

---

① 周天勇、张群：《青海黄河河谷发展战略》，中国水利水电出版社 2007 年版，第 45 页。

贫困县。贫困面大，群众收入普遍较低。移民搬迁前家园虽然交通条件不便，与外界隔阂相对封闭，但多为"世外桃源"式的小村落，位于黄河谷地沿岸，移民生活条件并不差。但移民搬迁后，有些安置区山高路险、交通不便，再加上自然条件、气候条件差，移民发展经济难度大，搬迁加剧了移民的贫困程度。部分安置区移民与非移民经济收入差距大，如1999—2007 年，海南州龙羊峡库区移民比非移民人均纯收入，相差 200—900 元。共和县和贵南县龙羊峡库区移民乡镇比非移民乡镇人均纯收入至少低 200 元，有的甚至低 500 元。①

（四）移民安置区社会管理问题突出

青海境内黄河上游水电开发从龙羊峡开始，后面又兴建了李家峡、尼那、康扬、直岗拉卡、公伯峡等大中型水电站。其中李家峡、公伯峡电站属于中央项目，移民安置由青海省支援黄河上游水电工程建设办公室（简称"支黄办"）系统负责，由此导致移民补偿执行两种标准、两种做法。由于移民安置机构不统一，专业力量薄弱，移民工作不够细致，工作重点放在淹没损失调查和补偿上，移民安置规划重视不够，安置有较大随意性，导致群众生产生活矛盾突出，不少人返贫成为新的贫困群体。移民与非移民争夺资源、聚众上访等群体性事件时有发生，移民安置区成为社会不稳定的敏感区。另外，黄河上游水库移民中，回族、藏族、撒拉族、土族、蒙古族等人口比例较高，他们在语言、文化、风俗、宗教信仰及生产方式等方面有较大差异。如循化县撒拉族移民要求"不上山、不出县"，藏族在移民前往往是畜牧业生产，而安置区从事农业种植业生产，生产生活遇到困难。这些差异往往引发社会管理方面的问题。也有一些村落之间因为土地和水资源分配问题产生矛盾，如移民村盘龙区玛村和邻村因为土地问题产生纠纷上访，也有移民群众反对水库建设，对政府产生抵触情绪，出现群众性上访事件，如木场村和夏藏滩村。②

（五）移民群众的社会适应性问题

移民的精神痛苦一直被忽略乃至不被认可，从政府、工程业主角度来看，移民只是被摆布的对象，忽视了搬迁移民行为产生的精神痛苦。

---

① 青海省移民安置局、青海民族大学课题组：《青海境内黄河上游水库移民问题》，《青海经济研究》2009 年第 6 期。

② 周天勇、张群：《青海黄河河谷发展战略》，中国水利水电出版社 2007 年版，第 131 页。

据青海省移民局、青海金地不动产评估有限公司、南京晓庄学院人文学院完成的研究课题"水电站的社会影响——对黄河上游青海段水电站项目区的社会学观察"调研来看，移民产生的精神痛苦是他们最大的痛苦。对许多移民的调研发现，移民过得并不愉快。其中许多人明确表示，这些年过得不高兴，心情压抑，很少有人对移民欢欣鼓舞的。虽然许多纠纷发生或问题凸显在土地费、安置费等物质层面，但最深层的问题是移民心理。水库移民是非自愿移民，是被迫离开故土、被迫放弃家园的。故土难离情怀是移民心底的痛。正如费孝通所说："以农为生的人，世代定居是常态，迁移是变态。"① 这种社会学上所讲的空间归属感的缺失，导致移民社会适应性产生问题。他们对耕地、灌溉条件、生产方式、生活方式、社会网络断裂等现象所表示的不满或意见是移民社会适应性的外在表现。②

（六）移民区的发展缺乏保障机制

由于水库移民属于土地征用补偿迁移，所以水电站业主在支付完补偿费用以后，与移民的未来生活和发展处于无关联状态。在水库初建阶段，库区可以通过劳务等方式获得一定收益，但水电建设完毕到水电收益时期，水电站与当地地方基层政府和移民区移民之间就没有关系了。当地能够从水电企业取得收入的机会基本丧失，移民完全处于"自力更生"状态。在计划经济体制下，移民和当地政府基于对国家利益的奉献精神而做出牺牲后，心理还是基本平衡的。但当水电企业完全成为市场经济条件下的经营主体时，水电企业职工的高收入与当地移民的贫困之间、水电企业的豪华设施和办公条件与当地地方政府捉襟见肘的财政状况之间形成明显反差，心理不平衡感明显提升。③ 如前所述，水电站业主在开发初期所做的移民安置计划完全是为获得项目核准的虚假规划，那么水电企业在开工建设后实际操作的规划中，对移民区和移民的持续发展就缺乏基本的制度性保障。移民要么把后续发展的希望完全寄托在政府身上，要么只能靠外出务工取得收入，个别人甚至有地不种有事不做，基本靠每人每年600元的后期扶持资金维持生活，政府后期扶持工作难度加大。

---

① 费孝通：《乡土中国》，生活·读书·新知三联出版社2005年版，第3页。

② 周天勇、张群：《青海黄河河谷发展战略》，中国水利水电出版社2007年版，第135页。

③ 世界银行、国家民族事务委员会项目课题组编著：《中国少数民族地区自然资源开发社区受益机制研究》，中央民族大学出版社2009年版，第84页。

第三节　青海矿产资源开发中的问题

一　青海矿产资源开发现状

通过五十年的发展，青海省依托优势资源开发，形成了以盐湖化工、水电、石油天然气、有色金属为主体的四大支柱产业，和以冶金、医药、畜产品加工、建材为主体的四大优势产业。四大支柱产业中的三大产业和四大优势产业中的两大产业都以矿产资源为依托。2001—2007 年，矿产资源采选业及其后续加工业总产值一直占全省工业总产值的 50%—60%，矿产品出口总值占全省出口总值的 50%—70%。矿产资源开发在全省经济社会发展中起到举足轻重的作用。① 青海有 59 种矿产的保有资源储量位居全国前十位，位居第一位的有 11 种，其中石油、天然气、铅、锌、钾肥、石棉的开发利用已经形成一定规模，成为国家重要的原材料供应基地。青海省矿产资源十分丰富，是西部地区重要的能源基地和国家紧缺矿产资源基地。截至目前，青海省已发现矿产 125 种，其中探明储量的有 103 种，占全国矿产资源量的 43% 以上，已探明的矿产资源保有储量潜在的价值达 17 万亿元，列全国第一。②

表 3-1　　　　青海省四大支柱产业 2007 年销售和利润情况统计③

资源种类	销售收入（亿元）	利润总额（亿元）	利润率（%）
电力生产	41.3	1.9	4.6
石油天然气开采	113.8	48.6	42.71
有色金属采选	98.1	22.8	23.2
盐化工业	84.2	31.7	37.6

四大支柱产业利润为 105 亿元，全部归企业所有。同时随着产量的不断翻番，企业净利润也将成倍增长，2007 年，青海省石油产量是 221 万吨，天然气产量是 34 亿立方米。2010 年石油产量达 1000 万吨，天然气

---

① 《青海省矿产资源总体规划》（2008—2015 年）。

② 林大泽等：《青藏高原矿产资源开发与区域可持续发展》，冶金工业出版社 2007 年版，第 12 页。

③ 《青海省统计年鉴（2008）》。

达 100 亿立方，以不变价格计算，两者产生的利润大致是 2007 年的 5 倍，接近 250 亿元。青海钾肥资源在我国占有重要地位，已探明储量为 5.5 亿吨，占全国储量的 90%，生产和销售也占全国的 90%。焦煤质量好，属露天煤矿，开采容易。2008 年钾肥、煤炭销售和利润情况如表 3-2 所示，两者净利润为 189 亿元。①

表 3-2　　　　　　　　青海省钾肥和煤炭 2008 年销售和利润情况

矿种	销售量（万吨）	单位价格（元/吨）	单位成本（元/吨）	单位利润（元/吨）	利润总额（亿元）	利润率（%）
钾肥	252	2938	863	2546	52	87
煤炭	1296	1231	171	1060	137	86

二　矿产资源开发存在的问题

（一）矿产资源开发处于暴利状态

如图 3-2 所示，青海省钾肥和煤炭产业在 2008 年的利润率达到 87% 和 86%，即便是按照 2007 年的统计数据，青海省矿产资源开发的利润率也在 30%—40%，而且这些数据都是通过官方渠道正常公布的数据。其实，青海矿产资源开发行业是暴利行业几乎是尽人皆知的常识。很多开采矿产资源的企业，尤其是中小型私营企业主的暴富经历验证了青海矿产资源开发的利润问题。缘何青海矿产资源开采会得到超额利润，首先，在于按照国家现行法律规定，矿产资源开采所支付的税费标准很低，与企业矿产品销售价比较，矿产资源开发支付的税费成本几乎可以忽略不计。其次，青海矿产资源开采中监管力度小，环境破坏严重。鉴于很多矿区都在荒无人烟的戈壁、高原，矿山开采企业的环境破坏行为没有外来压力，因此，许多企业的环保成本很低。最后，青海矿产资源开采目前处于开富矿弃劣矿的掠夺式生产状态，企业以极低的成本获取优质矿产资源。因此青海矿产资源开发企业一般都具有高额利润，引发东部沿海资本竞相进入青海矿产资源业追逐暴利。

（二）矿产资源地基层地方政府分享比例低

通过对青海资源富集区的调研发现，尽管很多地区富产资源，开发企

---

① 王志强：《建立我省矿产资源有偿使用制度》，《青海经济研究》2009 年第 5 期。

业主富甲一方，处于暴利状态，但当地地方政府却并未从资源开发中获得利益分享。许多资源地政府虽然可以因资源开发使财政状况短期内有所改善，但这些微小的改善与资源输出价值相比，简直可以忽略不计。政府很难通过制度性安排获取利益分配，更多的是通过非制度方式从开发企业那里分得一点利润。鉴于这种非制度方式获取利益难以通过公开取得资料验证，调研组只能通过深度访谈和观察作出判断。但一般来说，从国有企业处获取的利益分享比从社会资本企业处获得利益分享要小，这种分享的利益走向也是扑朔迷离，其中产生腐败的可能性也非常高。相对于将来资源枯竭后要承担的环境保护、社会管理、社会保障责任，当地政府当前从资源企业处获取的利益是得不偿失的。但所有的政府官员都有任期，每个人都会考虑自身任期内发生的事件，对比较遥远的"将来"可能或必将产生的后果，很少有人关注。

（三）资源所在地农牧民群众难以分享利益

相对于其他省、区来说，青海省矿产资源开采中需要安置的农牧民人口比率很低，甚至有许多矿产资源企业所开采的矿区草地承包经营权可能只属于一两户牧民群众，需要安置或补偿的矿区群众人口少，问题比较简单，是青海矿区开发的最大优点之一。尽管从个案分析来看，某一矿区中草地承包经营权人获取的利益相对较高，但因为人口少，而且矿区一般不居住牧民群众，因此，矿产开发企业最终实际为当地居民支付的利益总数非常低，在整个矿产资源开发中此项成本几乎可以忽略不计。即使一些矿区有一定数量的居民从事矿产资源开发工作，由于现行制度的缺陷，当地居民从矿产资源开发中获得的利益也非常有限。① 他们的一部分收益是借助于矿产企业开发从事服务性行业获取利益，一部分收益是因为矿产企业基于搞好社会关系而对社区集体给予某种利益分享。普通居民很难通过制度性安排从资源开发中获得利益。②

（四）掠夺式开发现象严重

青海省资源开采基本处于销售原材料阶段，矿产加工业发展缓慢，矿产品加工能力差，矿产资源经济效益低下。在青海矿产开发企业中，大多

---

① 世界银行、国家民族事务委员会项目课题组编著：《中国少数民族地区自然资源开发社区受益机制研究》，中央民族大学出版社 2009 年版，第 49 页。

② 丁任重：《西部资源开发与生态补偿机制研究》，西南财经大学出版社 2009 年版，第 376 页。

数属于初级加工的中小企业，缺乏深加工、精加工的优质企业。总体上看，青海矿产资源优势难以转变为经济优势。根据对现有采矿企业的调研，矿产综合利用率很低，有较为严重的浪费现象。开发企业资源回收水平差，技术落后。许多企业管理体制落后，只注重眼前利益，矿产资源处于"公地悲剧"状态。对矿产资源的这种掠夺式生产，不仅没有给青海经济带来预期效益，反而产生了严重的环境问题，使得青海省土地沙化、草场退化、水土流失、土壤盐渍化、地下水资源污染等问题突出。采矿遗留的废渣、废液长期堆放，对当地土壤和浅层地表水造成了污染，地下水系统受到严重影响。引发地面塌陷、崩塌、滑坡、泥石流地质灾害。破坏矿产地周边地质环境，土壤植被破坏严重，土地资源被占用，自然景观、地质遗迹遭到破坏。如在青海省江仓、木里矿区，被剥离开的采矿区已经开采到地下 100 多米深的区域，在草原上形成了一个个 1000 米长、200—300 米宽的大坑，剥离的沙石被随意堆放在矿坑的周围，围绕着采矿坑形成了高达四五十米的渣山，掩盖了大片草原，煤矿开发使这片湿地面目全非，堆积起来的渣山阻断了河道，掩埋了大片草场，湿地面积正在快速缩小。[1]

第四节　资源开发中存在问题的法理分析

基于水电站建设而逼迫迁移的移民，他们的生存现状和未来发展是我们需要关注的问题，矿产资源开采中当地政府和居民并未获得应有的利益，他们的财政状态和收入情况，并没有因所在区域发现并开发矿产资源有更好变化。不管是前者还是后者，都要承受因环境变化而带来的不利后果。水库移民们永远离开了他们的家园，需要在陌生的环境下重新开始生活；资源地居民生活忽然变得热闹起来，也许他们在一定意义上发现生活发生了变化，但这种变化也属于外界强加的。他们所需要做的只能是努力适应这种环境的变化。在矿产资源开发或水库建设时才发现生活的土地并不属于自己，身边冒出的暴富阶层、水电职工和矿业老板，使当地居民产生了强烈的"相对剥夺感"。当一个地区资源开发枯竭，人走茶凉的时

---

① 林大泽：《青藏高原矿产资源开发与区域可持续发展》，冶金工业出版社 2007 年版，第 18 页。

候,那种资源枯竭城市或地区的今天就是热闹的矿产资源开发地的明天。如果没有一种制度能够预先给资源所在地购买"养老保险",那么这些资源开发地的明天或后天将是非常凄凉的。[①]

也许从这个意义上,我们考察西部大开发战略实施中西部能源资源战略基地建设,考察西部开发中的能源资源开发法律制度,才可能更加冷静地看待当下西部地区比如青海省所发生的这些问题,分析原因并找到解决问题的方法。

一　现行法律规定缺陷分析

(一)　水库移民问题的根源

按照现行法律,2006年9月1日施行的行政法规《大中型水利水电工程建设征地补偿和移民安置条例》是解决移民问题的主要法律依据。这部行政法规的立法目的有三:一是为了做好大中型水利水电工程建设征地补偿和移民安置工作,二是维护移民合法权益,三是保障工程建设的顺利进行。

从移民方针来看,国家实行开发性移民方针,采取前期补偿、补助与后期扶持相结合的办法,使移民生活达到或者超过原有水平。但实际上,该条例的核心是做好安置工作,保障工程建设顺利进行。维护移民合法权利是工程建设中的一个环节,是手段问题。移民过程完全是政府行为,而水库建设则是企业行为,政府在水库建设中处于身兼两职的状态。因此,面对大中型水电工程建设征地,作为直接利益相关方的移民,根本就不存在还价的法律权利,移民实际上成为安置工作摆布的对象。尽管条例规定,编制移民安置规划大纲应当广泛听取移民和移民安置区居民的意见,然而只是在"必要时","应当采取听证的方式"。这种规定最终只是一种形式而已。因为在关涉移民基本权利的条例中,并没有赋予移民相应的权利保障和程序正义。条例既没有规定移民应当享有相应的权利,也没有规定移民对安置不服的权利救济途径,但却规定了"违反本条例规定,拖延搬迁或者拒迁的,当地人民政府或者其移民管理机构可以申请人民法院强制执行;违反治安管理法律、法规的,依法给予治安管理处罚;构成犯

---

① 丁任重:《西部资源开发与生态补偿机制研究》,西南财经大学出版社2009年版,第85页。

罪的，依法追究有关责任人员的刑事责任"。因此移民只是政府法律行为实施的对象，不属于权利主体，是单纯的义务主体。基于这样的法律规定而产生当下如青海境内黄河上游水电开发中的移民问题，是非常正常的。

移民安置规划存在问题，作为水电开发的项目法人企业在申报项目时必须提交移民安置规划，这个移民安置规划是为通过项目审批要求而编制的。当水电开发项目通过审批后，实际建设过程中，移民安置工作由当地政府负责，当地政府为完成移民任务又编制了移民安置规划。项目审批提交的规划和移民实际安置规划是同一事项下的两个不同规划。因此现实中才会出现所谓一虚一实两个安置规划。

从课题组调研情况看，大中型水利水电工程实际支出的移民安置总额并不算少，但为什么所有移民都感觉补偿太低呢？双方之间对同一问题的认识出现差距的原因究竟是什么？通过调研和观察，通过与移民及有关人员的非正式交谈，课题组发现了其中一个重要原因，这就是移民安置补偿款总额中的相当一部分最终并没有转移到移民手中。

按照条例规定，与移民有关的安置补偿费用有：（1）土地补偿费和安置补助费之和为该耕地被征收前三年平均年产值的16倍；（2）被征收土地上的零星树木、青苗等补偿标准；（3）被征收土地上的附着建筑物，按照其原规模、原标准或者恢复原功能的原则补偿；（4）使用其他单位或者个人依法使用的国有耕地，参照征收耕地的补偿标准给予补偿；使用未确定给单位或者个人使用的国有未利用地，不予补偿；（5）移民远迁后，在水库周边淹没线以上属于移民个人所有的零星树木、房屋等应当分别依照规定的标准给予补偿。这五项补偿项目中，土地补偿费与安置费标准虽然提高了，但按规定，农村移民在本县通过新开发土地或者调剂土地集中安置的，县级人民政府应当将土地补偿费、安置补助费和集体财产补偿费直接全额兑付给该村集体经济组织或者村民委员会。农村移民分散安置到本县内其他村集体经济组织或者村民委员会的，应当由移民安置村集体经济组织或者村民委员会与县级人民政府签订协议，按照协议安排移民的生产和生活。不管移民最终安置在县内县外、省内省外，土地补偿费、安置补助费和集体财产补偿费都不经过移民之手，是移民安置管理部门和接受单位之间的财务移交。因此这些费用标准提高移民感受不到。

与移民直接相关的主要有两项：一是建筑物补偿，二是被征收地上的苗木、青苗补偿。对移民来说，需要在安置地重新修建房屋，在所有原材料上涨幅度加大、人工劳务成本提高的背景下，按所谓"定价"补偿移民是入不敷出的，尤其在库区移民搬迁修建阶段，建筑原材料和人工劳务费都会有一个跳跃性上涨。因此移民基本不可能按照领取的建筑物补偿重新修建原有规模的建筑物。问题出在另一项被忽视的补偿项目上，这就是被征收土地的苗木、青苗补偿费。课题组调研中发现，按照条例规定，编制移民安置规划时，工程占地和淹没区实物调查，由项目主管部门或者项目法人会同工程占地和淹没区所在地的地方人民政府实施；实物调查应当全面准确，调查结果经调查者和被调查者签字认可并公示后，由有关地方人民政府签署意见。实物调查工作开始前，工程占地和淹没区所在地的省级人民政府应当发布通告，禁止在工程占地和淹没区新增建设项目和迁入人口，并对实物调查工作作出安排。正是在这个阶段，一些知悉工程信息的人员乃至不少当地政府公务员，从将要被征用土地的农民手中以承包方式获取土地，并大量移植苗木，甚至在一夜之间，很多土地长出遍地苗木，这些人与农民签订合同，在实物调查过程中予以登记，农民获取少量利益，很多承包耕地连夜移植苗木的人往往是当地政府工作人员或关联方，以及其他投机者。因此，许多地方工程项目苗木、青苗补偿费远远高于其他补偿费用。等工程实地调查、丈量登记完毕后，这些人将苗木移植至下一个可能被征用的地方等待机会。这在移民区是个公开的秘密，真正移民没有得到多少补偿，而这些借移民征地发财的人可能在一夜之间就获取几十万乃至上百万的暴利。从表面看，其行为似乎合乎法律规定，但实际上这是一种严重的违法行为。其中既存在借国家水库建设非法牟取暴利的行为，也存在公务人员的腐败乃至职务犯罪行为。正是由于这种现象的存在，水电水利工程建设中才会导致工程建设方付出大量资金，而移民补偿获得资金较少。这是有关方面应高度关注并尽快采取措施解决的问题。

（二）青海省矿产资源开发中存在的问题

目前规范矿产资源开发行为的主要法律依据是《矿产资源管理法》，该法于1986年3月由全国人大常委会制定，1996年8月由全国人大常委会修订。修订后的法律已执行了17个年头。该法是"为了发展矿业，加强矿产资源的勘查、开发利用和保护工作，保障社会主义现代化建设的当前和长远的需要"。实际上，该法制定的时期决定了其本身的局限。该法不仅明确规定矿产资源属于国家所有，而且将这种国家所有权与国有企业紧密联系起来。"国家保障依法设立的矿山企业开采矿产资源的合法权益。国有矿山企业是开采矿产资源的主体。国家保障国有矿业经济的巩固和发展。"尽管从法律上规定了有偿取得制度,"国家实行探矿权、采矿权有偿取得的制度";"但是,国家对探矿权、采矿权有偿取得的费用,可以根据不同情况规定予以减缴、免缴。具体办法和实施步骤由国务院规定。开采矿产资源,必须按照国家有关规定缴纳资源税和资源补偿费。"这种模棱两可的规定,正是导致我国矿产资源被大肆破坏,进行掠夺式生产的法律根源。

从开采主体来看,除规定国有企业作为开采主体外,还规定外商投资勘查、开采矿产资源,法律、行政法规另有规定的,从其规定。除此之外,就是鼓励集体矿山企业开采,允许个人采挖零星分散资源和只能用作普通建筑材料的砂、石、黏土以及为生活自用采挖少量矿产。这种以所有制为基础的矿山开采许可早已不符合我国市场经济体制,也不符合矿山企业现状。从主体来讲,经过现代企业制度改革,已经没有纯粹意义上的国有企业。企业已经完全转变成市场体制下的经营主体,而该法依然按照所有制区分企业主体,并且实际上采用无偿开采矿产资源模式,导致国有资产大量流失。除收取少量税费以外,国家对矿产资源开发中的财产权处于放弃状态。

该法的计划经济特征明显,获得探矿权、采矿权许可证实际为开发主体免费获取大量财富提供了前提,也滋生了腐败。通过各种渠道获得许可证成为矿产资源开发商的主要选择。而且在制度上极不科学地规定,禁止将探矿权、采矿权倒卖牟利。但同时又规定,已取得采矿权的矿山企业,因企业合并、分立,与他人合资、合作经营,或者因企业资产出售以及有其他变更企业资产产权的情形而需要变更采矿权主体的,经依法批准可以将采矿权转让给他人。这种非常容易转变的操作方式居然在法律制度设计上维持了这么多年。这些年来,矿产资源开采领域中发生的许多问题,都可以从该法规定中找出原因。1994年3月26日第152号国务院令发布的《矿产资源法实施细则》,在《矿产资源管理法》于1996年修订后居然没有相应修订,足见我国矿产资源管理部门之管理水平。从法律的规定来看,省、自治区、直辖市以下人民政府在矿产资源管理中没有权限。该实施细则专条规定:"国家允许外国的公司、企业和其他经济组织以及个人依照中华人民共和国有关法律、行政法规的规定,在中华人民共和国领域及管辖的其他海域投资勘查、开采矿产资源。" 而对集体企业和个体采矿做了较为严格的限制和要求。

但该法在规定国家对矿产资源的所有权和管理权的同时，也规定了矿产资源开发企业的权利保障。唯独没有规定矿产资源所在地地方基层政府和所在地居民的任何权利。或者在那个时候，立法者认为，既然矿产资源属于国家所有，那么无论地方政府或当地居民，只有服从的义务，没有取得任何利益或需要保障的权利。因此当我们考察青海省矿产资源开发中所存在的一系列问题，并结合近些年来国内矿产资源开发中所暴露出的种种弊端时，不得不认识到最终根源都源自现行矿产资源开发管理制度的缺陷，源于矿产资源开发法律早已不符合社会经济发展、环境保护、生态文明乃至统筹城乡发展的形势。当新一轮西部大开发继续推进，西部资源富集区力图借资源开发加快摆脱贫困面貌，实现共同富裕，共建共享社会主义改革成果时，突然发现，依然生效的矿产资源法律制度竟然成为西部资源富集区全面建成小康社会的拦路虎。

二　资源开发涉及的法律主体

（一）中央政府

中央政府是资源法律上的所有权主体，国务院代表国家行使所有权人权利。在资源所有权方面，中央政府实际上有两个权利，或者准确地说，一个权利一个权力，权利是作为物的所有权人基于物权法上的权利来源，权力基于行政管理来源于行政法。所有权权利的行使应该遵循市场规则，以占有、使用、收益、处分为内容。从资源法律关系来看，资源都依附一定的土地而存在，即河道、矿山、矿区等，即使是中央政府，也不会去行使资源所依附的土地的所有权的处分权，即不会将整个河道、整个矿区的所有权转让给其他主体。作为所有权主体所处分的是对资源的占有、使用、收益和处分。因此作为所有权主体通过出让权利而获得利益，这种利益就是我国法律中关于水资源、矿产资源的有偿使用制度。而行政管理权力的行使则以国家行政管理权为基础，与管理相对人之间形成管理与被管理的关系。这种权力的体现就是行政许可制度，许可相对人从事水电开发或矿产资源开发行为，在行使行政管理权力的时候，所有权主体与管理权主体应该是分离的，但实际上这两种不同法律关系、不同性质、不同功能的行为被高度统一起来，以至于即使是主管部门在行使权力或权利过程中都没有作区分甚至认为完全没有必要作区分。

（二）地方政府

地方政府在资源开发中扮演的角色比较特殊。全民所有同样是作为国家所有权的国有土地，即国家所有土地的所有权由国务院代表国家行使。城市土地虽然名义上由国务院代表国家行使所有权，但城市国有土地使用权出让金却成为地方财政收入的主要来源。在矿产资源开发中涉及省级、地级与县级三层政府，但按照现行法律制度的安排，省级以下地方政府在资源开发中几乎没有管理职能和权限，只有相应的义务规定。《矿产资源法》规定："省、自治区、直辖市人民政府地质矿产主管部门主管本行政区域内矿产资源勘查、开采的监督管理工作。省、自治区、直辖市人民政府有关主管部门协助同级地质矿产主管部门进行矿产资源勘查、开采的监督管理工作。"省级以下行政部门实际上只有维护正常的采矿秩序的义务，"地方各级人民政府应当采取措施，维护本行政区域内的国有矿山企业和其他矿山企业矿区范围内的正常秩序。禁止任何单位和个人进入他人依法设立的国有矿山企业和其他矿山企业矿区范围内采矿"。"县级以上人民政府应当指导、帮助集体矿山企业和个体采矿进行技术改造，改善经营管理，加强安全生产。"而且《矿产资源管理法》对于省级以下地方政府的规定在权限和能力上难以匹配，如规定"矿山企业之间的矿区范围的争议，由当事人协商解决，协商不成的，由有关县级以上地方人民政府根据依法核定的矿区范围处理；跨省、自治区、直辖市的矿区范围的争议，由有关省、自治区、直辖市人民政府协商解决，协商不成的，由国务院处理"。既然省级以下地方行政部门在审批探矿权和采矿权过程中没有权限和职能，那么有关县级以上地方人民政府如何可能依法核定矿区范围？而且这种对于矿区范围的争议解决其实就是普通民事争议，当事人完全可以通过民事诉讼或行政诉讼方式解决争议。该法对当事人诉权没有相应的规定。同时该法对县级以上地方政府负责地质矿山管理的部门规定了作出一定范围的行政处罚的权限。实际上省级以下地方政府在矿产资源开发中的行政职能可以概括为"守矿有责，审批无权"的状态。

（三）资源开发企业

无论是水电开发还是矿产资源开发，其最终承受主体是企业。鉴于我国早已完成现代企业制度改革，已经没有纯粹的国有企业，只是国有控股或国资主导的开发企业。因此，法律规定国有企业作为矿产开发的主体，但实际上资源开发主体已经呈多元化。资源开发企业在资源开发过程中最重要的就是取得探矿权或采矿权。一旦取得这种许可权利，开发企业主就会获得丰厚的回报，因此许多经营者在取得许可权后通过转移兼并或出售，就能够得到资本的增值和利益回报。而政府管理部门实际上也主要重视许可权，对后期实施开发疏于监管。

（四）资源地居民

无论水电开发还是矿产资源开发，现行法律中均没有涉及资源所在地的农牧民群众的权利规定。也许在立法者看来，资源所在地居民在能源资源开发中没有权利是必然的。因为法律规定国家为资源所有权主体，那么居民对所在地资源不可能存在权利相关性。而这正是本课题所重点关注的问题之一。这种立法的理念是对基层民众民事权利的漠视，是名义上为国家或公共利益而实际上为企业输送利益的惯性思维。

三　资源开发中的利益关系

（一）中央政府和地方政府之间的利益关系

中央政府和地方政府在资源开发管理权限上存在矛盾，这种矛盾主要体现在两个方面。一是有关探矿权、采矿权的审批许可。审批许可本来是个典型的行政管理权力，属于行政权的级别分配。但实际执行中对矿产资源的审批权同时附带着基于审批而产生的利益关系。因此，各级政府在审批许可权方面存在利益矛盾。二是中央和地方政府之间关于资源税费的分成比例存在矛盾。按照有关法律法规规定，矿产资源开发涉及以下一些税费：（1）资源税，属地方税，是以各种应税资源为征税对象，为调解资源级差收入、体现资源有偿使用，实行从量定额征收，其中海洋石油税归中央政府，其他资源税中央和地方五五分成。（2）矿产资源补偿费，是一种财产性收益，是矿产资源国家所有权的经济实现形式。补偿费按照矿产品销售收入的一定比例计征，由采矿权人缴纳，上交中央国库，中央与省、直辖市五五分成，与自治区四六分成。（3）采矿权使用费，按照矿区范围的面积逐年缴纳。（4）矿业权价款，是指中央和地方采（探）矿权审批登记机关通过招标拍卖挂牌方式或以协议方式出让国家出资勘查形成的采（探）矿权所收取的全部价款，以及国有企业补缴无偿占有国家出资形成的采（探）矿权。

矿业权价款收取额以国务院地质矿产主管部门确认的评估价格为依据，价款收入专项用于矿产资源勘查、管理和保护支出。一部分矿山企业矿业权价款转增股本金。2006 年 9 月起，矿业权价款按固定比例分成，价款收入 20%归中央，80%归地方，省市县分成比例由省级人民政府按实际情况确定。中央政府与地方政府之间在资源开发中存在权责利不匹配的问题，中央政府是资源权的所有权主体，地方政府通过资源开发审批许可与投资获取收益。双方权力大小决定利益分配比例。地方政府在资源开发中为获取利益与中央政府产生矛盾。[①]

（二）政府与资源开发企业之间的利益关系

资源开发企业，通过取得水电或矿山的开发许可权，从事资源开发并向政府缴纳有关税费。如前所述，黄河上游水电开发企业在水库建设中项目的核准、审批、实施、移民安置等环节都与政府发生相应的关系，但核准、审批等权力往往在中央政府或省级政府，而项目实施中的环节如移民安置等依靠地方政府来实施或协助，地方政府往往会通过其协助实施的相关工作获取一定利益。企业与政府的利益矛盾主要体现在税费征收与矿权定价上。由于矿产价格上涨，开发企业通过溢价会产生高额利润，导致矿产资源领域暴富现象发生。

另外，在资源开发中，中央企业与地方政府之间存在突出的利益矛盾。西部地区如青海省能源资源开发主要由中央企业进行，水电以及开发出的矿产资源主要输出省外，对地方经济的拉动作用不明显，与地方政府的生产发展目标存在冲突。通常地方政府更多地考虑地方的长远发展，更期望通过能源资源开发将资源优势转变为经济优势，而企业即使是中央企业，往往只考虑企业的经营利润，在资源开发与地方产业规划之间产生差异时，只考虑企业的发展。地方政府对中央企业很难施加政策影响，中央企业开采矿产资源，占去地方企业的效益，影响地方经济发展。而且在中央企业开发中地方能够获得的利益难以弥补诸如环境损害、社会管理等成本。还有一个重要的原因，就是中央企业开发资源，而在总部所在地诸如北京上海等地纳税，同时难以执行省级以下政府收费项目，资源所在地共享很有限。资源所在地政府尤其是县级政府往往

---

① 丁任重：《西部资源开发与生态补偿机制研究》，西南财经大学出版社 2009 年版，第 402 页。

更支持纳税更多的地方企业。①

（三）当地居民与地方政府、开发企业之间的利益关系

当地居民与政府之间的矛盾冲突及利益纠葛体现在地方政府层面，资源地居民所能接触和直接发生关系的是地方政府和村社等组织，因此利益调整在现实层面上就表现为当地居民与地方政府之间的矛盾。资源开发地的居民处于开发利益的最基层，按照现行法律制度的安排，他们甚至并没有上升为法律规定的主体。即使是水电开发有移民安置的行政法规，其根本目的是工程的顺利运行，移民安置充其量也只是保持原有生活水平，并没有考虑通过资源开发使移民致富并获得发展机会。当资源开发进行时，移民在利益纠葛中与当地政府、企业产生关系，从资源开发造成的环境影响、土地征用补偿等方面争取相应利益。在土地征用补偿等问题上，地方政府与居民诉求有一定的同质性，地方政府也会从社会稳定、地方经济发展等角度试图帮助居民获取应有的利益分配。但居民诉求与相关法律制度规定以及矿产开发企业的补偿意愿之间往往存在巨大差距，而解决移民安置与创造良好投资环境又是地方政府的重要任务，中央企业开发资源，地方政府不敢明显对抗，同时，中央企业对待地方政府也会做出各种让步与诱惑，因为与地方政府打交道是长期的事，需要维护好与地方政府之间的关系，因此，地方政府又会从企业角度解决移民安置和土地征用等问题，这种情况下地方政府与企业又会联手应对资源地居民以解决问题。

第五节　调整西部资源开发法律关系的思考

法律是调整法律关系主体之间权利义务的基本手段，是规范各类法律关系主体的行为的准则。法律关系有三个基本要素，即法律关系的主体、法律关系的内容以及法律关系的客体。法律关系的主体是法律关系权利义务的拥有者和承担者，法律关系客体是法律关系主体的行为指向的对象，是行为、权利抑或物，法律关系的内容是主体所拥有的权利和义务。

青海境内黄河上游水电开发开发和矿产资源开发中存在的问题，表面看来各自不同，从表现形式、外在矛盾、解决方式等方面都有区别，但其

① 王艳、程宏伟：《西部矿产资源开发利益矛盾研究综述与展望》，《成都理工大学学报》2011年第1期。

本质是相近甚至相同的。不管是水库水电站建设还是矿产资源开发，其本质都是资源开发，水电站建设和矿产资源开发只是资源的种类区别而已。

首先，从我国现行法律规定的所有权所属主体来看，《宪法》第九条规定："矿藏、水流、森林、山岭、草原、荒地、滩涂等自然资源，都属于国家所有，即全民所有；由法律规定属于集体所有的森林和山岭、草原、荒地、滩涂除外。"《水法》第三条规定："水资源属于国家所有。水资源的所有权由国务院代表国家行使。农村集体经济组织的水塘和由农村集体经济组织修建管理的水库中的水，归各该农村集体经济组织使用。"明确规定水资源的所有权属于国家，由国务院代表国家行使。《矿产资源法》第三条规定："矿产资源属于国家所有，由国务院行使国家对矿产资源的所有权。"也就是说，水利、矿藏都属于资源，所有权人为国家。

其次，从开发主体来看，水电站尤其是大中型水电站建设的主要主体为国有企业，小型水电站建设主体则较为多元；矿产资源开发的主要主体为国有企业，尤其是大型矿山的开采主要为国有企业，其他矿山的开采主体则较为多元化。

从使用权取得方式来讲，《水法》规定国家对水资源依法实行取水许可制度和有偿使用制度，《矿产资源法》也规定国家实行探矿权、采矿权有偿取得的制度。因此，上述两个问题最终是相同的，可以合并为资源开发法律问题，鉴于国家有关文件中将能源资源并列表述，为避免不必要的解释，本课题中也做并列表述。

一　资源开发立法的理念与原则

(一) 资源开发中的生态文明理念

党的十八大报告提出建设"五个文明"，其中生态文明是重要的一个方面。长期以来，我们对待能源资源的基本理念是资源的有用性，只注重资源的开发利用。资源不仅仅是为人们利用的东西，也是人类所赖以生存的生态的构成部分。

资源开发中树立生态文明理念，就是要转变过去那种以人类中心主义为出发点的单纯利用资源的做法和观念。在资源开发中充分考虑生态文明因素，尤其在生态环境脆弱、恢复性很差的西部地区，有些资源开发必须以生态保护为首要条件。如果资源地的生态不适合开发，则不能因为对人类有用、对企业有利而作为开发的选择。西部生态尤其是生态保护区的环境一旦遭到破坏，资源开发带来的负面影响要远远大于开发所获得的利益。青藏高原20世纪80年代的"采金"潮以及后来的超限采挖虫草等破坏生态系统的行为，引发的生态恶果远远大于人们获得的经济利益，壮美的三江源地区生态遭到严重破坏。素有"黄河之源""千湖之县""中华水塔"之美誉的果洛州玛多县，20世纪80年代初全县牧民人均纯收入居全国之首，由于80年代大批采金者蜂拥而入，导致草原沙化、荒漠化，此后采挖冬虫夏草等名贵中药材人数持续攀升，又一次破坏了草原，玛多县成了贫困县。三江源地区玉树州、果洛州、海南州、黄南州下辖各县的情况基本相同。迫使国家不得不斥巨资实施三江源生态修复工程，建立三江源自然保护区乃至三江源国家公园，来弥补80年代开始的生态破坏行为造成的损害。该项工程耗资巨大，采用生态移民、退牧还草、生态修复等各项工程，耗费大量人力物力，三江源生态系统才得以好转。与当初所谓开发获得的那点利益相比，生态损失几乎是灾难性的。

所以修订相关法律时必须考虑生态保护在资源开发中的重要位置，尤其要明确规定在生态敏感地区能源资源开发的首要条件是生态容量的容许。必须摆正生态文明与资源开发之间的关系，将生态理念纳入矿产资源的勘查、许可到矿产资源开发利用的全过程。在矿产资源开发中评估资源的生态价值和经济价值，全面权衡二者的利弊得失以后，才可作出选择。

（二）资源开发的代际公平

人类的生存和发展是一个长期的过程，具有前后传承的历史性。我们今天赖以生存和发展的生态环境、能源资源，都与我们的先人对自然的敬畏与保护有关，每个人和每个时期在人类历史上都是一个瞬间。我们既要保证当代人维持生存和发展的资源和权利，也没有权利对能源资源采取"涸泽而渔"式的攫取方式，应为我们的后代人保留他们生存和发展的权利和资源。这不仅是每个时期的人必须考虑的重要问题，也是每个时代的人所必须履行的对未来的历史义务。①

代际公平是人类社会繁衍生息的基础和前提，因此我们并不能认为当代人对现在地球上的一切环境资源都有权利。我们对能源资源所拥有的仅仅是一小部分权利而已。即使是法律上作为矿产资源所有权主体的国家和

---

① 赵绘宇：《生态系统管理法律研究》，上海交通大学出版社2006年版，第89页。

其代表中央政府，对矿产资源和生态环境的权利也应该是"适可而止"的，其权利义务是统一的，绝没有对矿产资源的无限制的所谓占有、使用、收益的处分权。尤其在中国这样一个处于发展中国家的人口大国，30多年的经济高速增长是付出了沉重的生态、环境、资源代价的。这种代价实际上已经超支了我们这代人对环境资源的代际公平权利。如果依然按照现行法律对待矿产资源的经济适用态度，我们必将成为历史的罪人。[①]

（三）要以循环经济引导资源开发

资源开发中必须注重资源节约和循环利用，把循环经济要求体现在资源开发利用法律中。所谓循环经济，即在经济发展中，实现废物减量化、资源化和无害化，使经济系统和自然生态系统的物质和谐循环，维护自然生态平衡，是以资源的高效利用和循环利用为核心，以"减量化、再利用、资源化"为原则，符合可持续发展理念的经济增长模式，是对"大量生产、大量消费、大量废弃"的传统增长模式的根本变革。[②]

在西部大开发中，许多矿产资源开发是粗放型、掠夺式的，造成资源的大量浪费与资源短缺并存，资源开发与环境破坏同步。为此，2008年8月由全国人大常委会制定了《循环经济促进法》，该法是为了促进循环经济发展，提高资源利用效率，保护和改善环境，实现可持续发展战略。按照该法的规定，循环经济，是指在生产、流通和消费等过程中进行的减量化、再利用、资源化活动的总称。其中减量化，是指在生产、流通和消费等过程中减少资源消耗和废物产生。再利用，是指将废物直接作为产品或者经修复、翻新、再制造后继续作为产品使用，或者将废物的全部或者部分作为其他产品的部件予以使用。资源化，是指将废物直接作为原料进行利用或者对废物进行再生利用。

循环经济是提高资源利用效率实现国家经济社会可持续发展的重大战略，在西部资源开发中必须将资源开发相关法律与《循环经济促进法》有效整合，形成法律制度上的合力，以资源开发审批许可和资源税费调整来促进循环经济的发展。2005年10月柴达木被确定为首批国家级循环经济试验园区，国家发展和改革委员会2010年3月19日发布《青海省柴达木循环经济试验区总体规划》，国家给予试验区十大政策支持。十大支持

---

① 刘同德：《青藏高原区域可持续发展研究》，中国经济出版社2010年版，第209页。

② 林大泽：《青藏高原矿产资源开发与区域可持续发展》，冶金工业出版社2007年版，第152页。

政策分别为：一是制定产业结构调整和产业布局政策的时候，将试验区的重大项目纳入国家的产业发展规划；二是在不降低技术水平和环保标准的前提下，对合理配置生产要素和延伸产业链的配套项目，可适当地放宽准入条件；三是对试验区用于循环经济产业化项目的天然气优先保障资源配额；四是对试验区的机场、铁路、给排水、污水垃圾处理等基础设施项目建设给予支持；五是在试验区内，企业用于绿化的土地视为实施生态工程用地，享用国家的土地划拨政策；六是在试验区发展过程当中，对急需解决的公共技术、延长产业链的关键技术给予研发经费的支持；七是为满足试验区循环经济发展所需产业工人等人才需要，进一步加大对试验区职业技能培训设施建设的支持力度；八是加强规划水利枢纽、绿洲灌区改造、节水农业项目建设；九是进一步支持资源开发集中区域公路基础设施建设；十是进一步支持电网建设。国家在循环经济方面，还有一些价格、税收优惠。当我们把研究视角放在循环经济与西部资源开发时，发现这二者是相通的。循环经济发展必须作为资源开发的指导方针，在制定任何资源开发法律制度时必须考虑《循环经济促进法》的规定，使资源开发法律和循环经济促进法律形成制度合力。

二　资源开发法律制度完善

（一）厘清资源权属问题

资源开发法律制度的首要问题是资源权属，我国有关法律规定河流、矿产等资源的所有权属于国家，这和有关土地所有权制度的规定有差别，因为土地所有权有国有和集体所有两种所有权，而关于资源所有权的规定过分强调其国有属性。这在理论上来讲有些障碍，一宗土地其所有权为集体，集体将该宗土地承包经营权或建设用地使用权确定给集体成员使用。如果该宗土地同时发现了矿产资源的话，集体所有权和个人使用权又完全被矿产资源的所有权主体所排斥。即土地所有权不能对抗矿产所有权。在资源开发中国家通过审批许可将探矿权、采矿权出让给企业，这时探矿权、采矿权与集体所有权、个人使用权或承包权之间产生了冲突。

按照现行法律制度的安排，就是集体所有权与个人使用权为探矿权、采矿权让路。企业先可以安置乃至征用、临时使用集体所有权土地，等到该矿产资源开发完毕后再归还其所实际使用的土地权利。资源所在地的集体土地所有权和个人使用权上所应有的发展权利被剥夺。

另外，矿产资源使用权的代表主体法律上为中央政府即国务院，但一般按照审批或许可权限，实际为中央政府和省级政府，因为许可权实质上可以认为是所有权中的收益权和处分权。根据《宪法》规定，矿藏、水流、森林、山岭、草原、荒地、滩涂等自然资源，都属于国家所有；同时也规定"城市的土地属于国家所有"。也就是说属于国家所有的资源和属于国家所有的土地，在法律上的权能应该是一样的。但前30多年改革中，东部沿海地区获取的发展资金有相当一部分为土地出让金，也就是所谓"土地财政"，经过中央与地方的多次博弈，最终现行的制度是土地出让金完全属于地方财政收入。发达地区的土地收益高，土地出让金数额庞大，最终这种在理论上属于国家所有即全民所有的城市土地使用权出让金完全归当地政府所有，其他地区尤其是西部地区并没有从东部沿海城市的高额土地财政中获取任何利益和分成。而在西部地区主要以资源为发展要素的地方，资源所有权仍然属于中央政府所有，并按比例上交中央政府。同样属于全民所有的资产权益，就应当安排同样的制度。因为各种资源都是以土地为基础的，本质上来说，土地和其他矿产、河流等都属于资源。这些资源的权利归属应该有相同的制度模式。

建议国家将资源的行政管理权与基于资源所有权的获利权能分开。由中央政府行使行政管理权，而将所有权分开，由中央、各级地方、当地居民分享。资源产权按照国家产权、地方产权、企业产权和自然人产权分解，按照产权比例入股分享资源开发收益。

（二）资源税制度修订与完善

在2010年新疆资源税试点原油、天然气资源税从价征收的基础上，对所有矿产资源税均应从从量计征改为从价计征。应该在现有基础上调整资源税税率，实现真正意义上的资源有偿使用。

提高资源税费比率，合理确定中央和地方政府收益分享比例。在矿产资源税费中，资源补偿费属国家所有者权益，收益属于中央财政，但收得很少，价款则涉及与地方政府的分成，这使得地方政府与资源开发之间形成了复杂的利益关系。我国矿产资源主要集中在中西部地区，兼顾矿产资源国家所有与矿产地利益关系，既要体现对中西部地区的支持，又要适当弱化地方政府与资源开发的直接利益关系，减少私挖乱采、贱卖资源等行为，合理确定中央财政与地方财政矿业权出让收益分享。改革之后，矿业权原则上应实行招标、拍卖、挂牌等公开竞争方式出让，使得这部分收益更加透明，中央、地方的收益分成也更加明确。

要建立资源地税费补偿制度。通过减比例和加大税收返还力度等，增加中央政府对资源地政府和居民的经济补偿。同时，开始征收资源税，征收矿产地可持续发展基金和矿业企业转产发展基金。

建立自然资源折旧补偿制度，要对资源执行折耗补偿，提高资源开发利用效率。建立受益地对受损地区的生态、环境补偿机制。测算受益地区因为使用资源地资源所减少的环境破坏量，以此为依据收取相应的生态补偿附加费和可持续发展准备金，转移支付给资源地，用于恢复生态环境。①

（三） 应规定资源开发企业注册纳税的本地化

目前资源开发企业往往是总部经济，从西部资源开发中获取的很大利益完全转移到总部，使总部地区坐享其成。因此应该规定资源开发企业注册、纳税、管理的本地化和同等待遇管理。对资源开发企业实行本土化管理，即在资源开发地进行注册并由资源地政府管理，在资源所在地缴纳税费。使开发企业与本地区行政管理和经济发展建立密切的联系。同时资源开发地要把资源产业链延伸作为发展本地经济的重要抓手，以便提高资源附加值，增加本地就业机会。对水电类产业，要处理好水电开发与资源开发的关系，要以适当的项目带动水库所在地农牧民群众收入提高。各项目要优先安排土地被征用的农牧民群众就业，积极实施后续扶持措施，保障群众的生存权和发展权。②

青海境内黄河上游已建在建的大部分水电站投资主体是黄河上游水电开发有限公司，其工程建设部系非独立核算分支机构，没有以各水电站名义进行增值税核算并在枢纽所在地纳税。根据分税制下水电站纳税的要求，应该使地方超常规地获得财力，平衡相关区域经济利益，促进地方经济的发展，科学合理地进行分税，这对促进黄河上游库区县域财政收入与经济发展具有重要作用。建议将青海境内黄河上游水电工程以水电站名义

---

① 丁任重：《西部资源开发与生态补偿机制研究》，西南财经大学出版社 2009 年版，第313 页。

② 肖红波、庄万禄：《民族地区资源开发与收益共享新模式调查》，《西南民族大学学报》2010 年第 11 期。

注册到枢纽所在县域或合理确定税收分成。[①]

（四）资源开发中的利益分享

利益分享制度的缺陷是现行资源开发中存在的重要问题，由于立法时只强调国家对资源的所有权，其他主体的权利都被忽视，因此开发中的利益冲突时有发生。要建立利益分享机制，必须承认其他主体诸如地方政府尤其是资源地居民的权利。

目前一些地方通过一定的制度安排来保障当地居民的权利，四川省甘孜藏族自治州人大 2008 年通过的《民族区域自治条例实施细则》规定，凡是在甘孜州进行资源开发的投资项目，地方必须"占有 10% 股份"，以便参与利益的分配以解决当地群众共享经济发展成果。其中白玉县呷村大型矿场银多矿，在资源开发与惠及民生方面堪称典范。白玉呷村矿产资源开发建设中由西部矿业控股，当地矿区民众以建设用土地折价 10% 入股，形成了特殊的股权结构。改变了单纯征地的"买断"式开发模式，而是创新性地采取了以土地等入股的办法，由于征地费用的减少而减轻了开发商的初期资本压力；也为当地老百姓参与资源开发提供了一个"出资"的机会，从而享有长期收益的合法股份，形成了相关各方面分享资源开发成果的基本方式和途径。[②]

四川省政府 2008 年《关于建立重要矿产资源开发新模式的意见》提出了资源开发的基本原则：民生为本、利益共享；就地转化、深度加工；保护生态、科学开发。农村集体经济组织，可将资源开发项目区内的集体土地使用权、林木等作价入股，参与矿产资源开发利益分配。青海省海西州在一些矿区积极引导当地农牧民入股，变"输血式"救济为"造血型"帮扶，企业与农牧民群众很好融合，探索矿区企业与农牧民群众共同致富的新路子。青海境内黄河上游水电开发中应划分一定比例的股份归地方政府与当地居民享有，如此既可解决当地居民与地方的收益，又可化解矛盾利益冲突，同时又能监督企业在资源开发中增加环境保护力度。

（五）推进资源就地转化深加工与资源开发收益再投入制度

资源开发企业应当将矿产品在当地进行深加工或将矿产品供给当地加

[①] 青海省移民局、青海民族大学课题组：《青海境内黄河上游水库移民问题》，《青海经济研究》2009 年第 6 期。

[②] 肖红波、庄万禄：《民族地区资源开发与收益共享新模式调查》，《西南民族大学学报》2010 年第 11 期。

工企业，实现资源就地转化。因条件限制不宜在当地进行深加工的，可实行"飞地经济"模式，将矿产品供给省内其他地区企业进行深加工和资源转化。资源输出地也可将其引进的资源转化项目与深加工项目，在省内其他交通和基础设施条件较好的地区设立企业。要注意引导无深加工项目的矿山企业将采出的原矿优先供给本省技术含量和加工深度高的企业，并签订长期合同。如果矿产运出省外，则应当征收出省基金。同时要推行资源开发收益再投入制度。要引导企业将资源开发收益再投入到当地经济发展，以便本地经济发展有可持续性。在招商引资政策中可明确规定，企业将其所得收益按照一定比例（60%以上）再投入到资源地，以实现社会效益、经济效益和生态环境效益的统一。

（六）建立环境治理和生态修复保证金制度

早在 2006 年国家发改委就提出要建立矿区环境治理和生态修复保证金，并强制企业加大安全生产投入。从落实情况看，执行效果并不理想。要落实这个要求，最终要靠权利分股、利益分享，以及注册管理的本地化，要取消中央企业实际享有的超级特权。使地方政府与当地居民的事权责保持平衡状态，利益和风险共享共担，实现真正意义上的共建共享。

第四章

西部统筹城乡发展中的法律问题

新一轮西部大开发的一个主要目标就是人民生活水平和质量上一个大台阶，加快推进以保障和改善民生为重点的社会建设。规范新一轮西部大开发中的政府与公民关系，尊重群众在改善民生中的利益表达机制，保障农牧民在西部大开发中的主体地位及决策权、参与权、知情权和发展权，需要建立完善相应法律制度。在区域经济一体化进程日益加快的今天，不同区域之间的竞争更多地表现为城市群之间的竞争，城市群已经成为推动区域经济社会发展的主要载体和实现形式。青海省城市数量严重不足，除西宁市外，只有海西州格尔木市、德令哈市两个县级市。这种状况如不尽快改变，不仅难以吸引外部生产要素向青海省汇集，还会加剧省内稀缺资源的外流，使青海省在承接产业转移中长期处于弱势地位，最终影响全省工业化、城市化进程和建设富裕文明和谐新青海目标的顺利实现。

根据对这一形势的判断，青海省委、省政府于 2010 年 12 月出台了《关于推进以西宁为中心的东部城市群建设的意见》，提出把建设以西宁为中心的东部城市群作为"十二五"期间青海省经济社会发展的重大战略。东部城市群建设将成为全省跨越式发展的重要引擎，成为引领全省经济发展方式加快转变的综合经济区，成为西部地区的重要增长极和欠发达地区实践科学发展观的示范区。海东地区作为东部城市群建设的重要组成部分，如何在"十二五"时期抓住东部城市群建设的有利时机，不仅关系到自身的加快发展，而且关系到全省城市化和工业化进程。本章以海东地区撤地建市为例，通过对海东地区有关部门和六县实地调研，研究海东地区在推动东部城市群建设中面临的一些困难和问题。①

---

① 本章研究所用资料时间节点为 2011 年 6 月，系海东地区撤地建市前期调研，研究结束时间为 2012 年年底。2013 年 2 月 8 日，国务院批复同意青海省撤销海东地区，设立地级海东市；海东市政府由原平安县迁至新成立的乐都区。2015 年 2 月 16 日，撤销平安县，设立海东市平安区。本研究保留原貌。

第一节　青海海东地区撤地建市建设现状

一　青海省城市建设概况

青海省属于西部欠发达地区、民族地区、高寒地区。青海省面积为72万多平方公里，辖玉树、果洛、海西、海北、海南、黄南六州，海东地区，西宁市。大多数地区不适宜人类居住，更不适宜经济开发。除西宁市、海东地区和海西州外，其他地区属禁止开发区域和限制开发区域。全省常住人口为5626722人，其中西宁市、海东地区和海西州人口合计为4094892人，占全省人口的72.77%。西宁市和海东地区面积约占青海省面积的3%，人口占总人口的64.07%。因此青海省能否实现跨越式发展，并在新一轮西部大开发中有所建树，重点是青海东部地区的发展。建设以西宁为中心的东部城市群是深入实施西部大开发战略的具体部署，是落实国家兰西经济带发展布局的重要抓手，是加快推进青海省城市化、工业化的有力举措。西宁市和东部地区是青海省发展时间最长，基础最好的区域。特别是改革开放以来，形成了以西宁市为中心，包括大通、湟中、湟源、平安、乐都、民和、互助等县城在内的沿湟水轴线型城镇密集区，资源、人口、经济、社会的总体发展水平较高，已经初步具备了城市群发展基础，并完全有条件进一步加快发展，成为开放程度高、发展活力强、具有核心竞争力的增长极。以西宁市为中心的东部城市群范围划定为"一核一带一圈"。"一核"即核心区，指西宁市主城区；"一带"主要指平安、乐都、民和城镇发展带；"一圈"即以西宁市为中心的一小时经济圈，主要包括大通、湟中、湟源、互助。适当调整行政区划，扩大西宁市主城区面积，将大通县景阳镇及长宁镇部分地区划入西宁市主城区范围，湟中县撤县建区，将农牧业乡镇就近划入湟源县。将海东发展较快、条件成熟的县城逐步培育成次中心城市。

二　青海海东地区撤地建市指标比较

根据海东地区条件较好的四县的相关情况来看，其离城市群建设存在较大差距。

表 4-1　青海省海东地区平安、民和、乐都、互助四县撤县建市主要指标对比

	主要项目		标准	现状（2009 年）	比较结果
平安撤县建市主要指标对比	生产总值或人均生产总值		40 亿元或 6000 元	25.7 亿元或 24951 元	-14.3 亿元
	财政收入或人均财政收入		2 亿元或 500 元	6100 万元或 592 元	-1.39 亿元
	二、三产业在生产总值中的比重		70%以上	90.8%	+20.8%
	政府所在镇人口	总人口	10 万人	4.9495 万人	-5.0505 万人
		非农人口	6 万人	2.7016 万人	-3.2984 万人
	建制镇数量占乡镇总数比例		60%以上	33.3%	-26.7%
	城区公共基础设施	自来水普及率	65%以上	89.9%	+24.9%
		城区绿化率	20%以上	25.29%	+5.29%
		污水处理率	30%以上	80%	+50%
民和撤县建市主要指标对比	主要项目		标准	现状（2010 年）	比较结果
	生产总值或人均生产总值		40 亿元或 6000 元	28.9 亿元或 8257 元	-11.1 亿元
	财政收入或人均财政收入		2 亿元或 500 元	10600 万元或 303 元	-0.94 亿元
	二、三产业在生产总值中的比重		70%以上	79.7%	+9.7%
	政府所在镇人口	总人口	10 万人	6.3313 万人	-3.6687 万人
		非农人口	6 万人	2.9486 万人	-3.0514 万人
	建制镇数量占乡镇总数比例		60%以上	36.4%	-23.6%
	城区公共基础设施	自来水普及率	65%以上	90.9%	+25.9%
		城区绿化率	20%以上	18.1%	-1.9%
		污水处理率	30%以上	80%	+50%

续表

	主要项目		标准	现状（2010年）	比较结果
乐都撤县建市主要指标对比	生产总值或人均生产总值		40亿元或6000元	35.3亿元或13577元	−4.7亿元
	财政收入或人均财政收入		2亿元或500元	7300万元或281元	−1.37亿元
	二、三产业在生产总值中的比重		70%以上	85.1%	+15.1%
	政府所在镇人口	总人口	10万人	6.3621万人	−3.6379万人
		非农人口	6万人	0.7817万人	−5.2183万人
	建制镇数量占乡镇总数比例		60%以上	36.8%	−23.2%
	城区公共基础设施	自来水普及率	65%以上	94.3%	+29.3%
		城区绿化率	20%以上	29.2%	+9%
		污水处理率	30%以上	80%	+50%
互助撤县建市主要指标对比	主要项目		标准	现状（2010年）	比较结果
	生产总值或人均生产总值		40亿元或6000元	46.2亿元或12978元	+6.2亿元
	财政收入或人均财政收入		2亿元或500元	11000万元或309元	−0.9亿元
	二、三产业在生产总值中的比重		70%以上	75.6%	+5.6%
	政府所在镇人口	总人口	10万人	5.2523万人	−4.7477万人
		非农人口	6万人	1.4612万人	−4.5388万人
	建制镇数量占乡镇总数比例		60%以上	42.1%	−17.9%
	城区公共基础设施	自来水普及率	65%以上	96%	+31%
		城区绿化率	20%以上	23.9%	+3.9%
		污水处理率	30%以上	80%	+50%

注：根据海东地区撤区建市前调研资料整理汇总。2013年2月8日，国务院批复同意青海省撤销海东地区，设立地级海东市；海东市政府由原平安县迁至新成立的乐都区。2015年2月16日，撤销平安县，设立海东市平安区。

通过以上对海东地区四县撤县建市的指标对比，我们发现海东地区所属各县目前尚不具备撤县建市的条件，需要经过一段时间的努力才可能使个别或部分县基本符合建市的要求。为了加快城市群建设步伐，相关部门及海东地区对相关各县总体规划做了较大幅度修订，以满足城市群建设的需要。

表4-2　青海省海东地区平安、民和、乐都、互助四县情况及总规修编指标预测

县名＼指标	全县总人口	城镇人口	县域面积	县城建成区	城市化率	2030年城区建设用地规模及人口预测	2030年规划用地范围含工业园区预测
平安县	12.3万人	6.13万人	769平方公里	9平方公里	45.69%	23平方公里20万人	77.5平方公里
民和县	42万人	6.38万人	1892平方公里	7.5平方公里	23.81%	31平方公里30万人	46.2平方公里
乐都县	28.9万人	6.27万人	2599.6平方公里	7.97平方公里	32.65%	36平方公里45万人	49.5平方公里
互助县	38.7万人	6.4万人	3424平方公里	7.6平方公里	19.83%	20平方公里20万人	26平方公里

资料来源：2012年6月，海东地区撤区建市前调研资料汇总。

表4-3　　　　青海省海东地区下辖六县常住人口的地区分布

地　区	人口数（人）（2010年）	占海东地区人口比重（%）		人口密度（人/平方公里）（2010年）
		2000年	2010年	
平安县	102975	8.09	7.37	137
民和县	350118	24.87	25.06	197
乐都县	260185	19.41	18.63	92
互助县	356437	24.67	25.52	107
化隆县	203317	15.45	14.56	74
循化县	123814	7.51	8.86	70

资料来源：根据2010年第六次人口普查数据公报（2011年5月23日）计算。

海东地区常住人口中，居住在城镇的人口318918人，占22.83%；居住在乡村的人口1077928人，占77.17 %。同2000年第五次人口普查相比，城镇人口增加了133666人，乡村人口减少了256894人，城镇人口比重上升了10.64个百分点。

表4-4　　　　青海省海东地区下辖六县城镇化率

地　区	城镇人口（人）	乡村人口（人）	城镇化率（%）
平安县	50494	52481	49.04
民和县	80600	269518	23.02

续表

地　区	城镇人口（人）	乡村人口（人）	城镇化率（％）
乐都县	69942	190243	26.88
互助县	57489	298948	16.13
化隆县	39212	164105	19.29
循化县	21181	102633	17.11

注：本表城镇化率与表4-2城镇化率之所以出现不同数据，原因在于本表是以人口居住地为城镇计算，表4-2所列数据以户籍计算。

西部大开发战略的实施，有力推动了青海城镇化发展，东部地区形成了以西宁市区为中心，包括大通、湟中、平安、互助、乐都、民和、湟源等县城在内的沿湟城镇密集区。区域经济地理位置突出，资源优势明显，工农业发展基础较好，社会事业相对发达，总体发展水平较高，已经具备城市群发展基础。2009年，该区域地区生产总值、地方一般预算收入分别为606亿元和31亿元，占全省的60%和35%。占全省2.2%面积的湟水谷地养育了全省61%的人口。[①] 西宁市周边城镇发展迅速。该区域共有64个城镇，其中有5万人以上城镇8个，3万—5万人城镇9个，3万人以下城镇47个。共有城镇人口154.4万人，城镇化率52%。特别是乐都、大通、湟源、平安、互助等城镇人口快速增长，城镇基础设施建设迅速，发展成为小城市的条件日益具备。根据第六次人口普查数据，西宁市常住人口2208708人，占全省常住人口的39.25%，海东地区1396846人，占全省人口的24.82%，西宁市和海东地区总人口达3605554人，占全省人口的64.07%。由于海东地区外出务工农民较多，因此统计数据少于实际居住人口。2010年，青海省委、省政府依据《青海省"四区两带一线"发展规划纲要》，下发了《关于推进以西宁为中心的东部城市群建设的意见》，各部门各地区已经着手实施，青海东部城市群建设工作已全面展开。

第二节　海东撤区建市区域中心城市选择

根据海东地区的区位、人口、经济社会发展基础及未来发展潜力，结

---

① 此数据中只计算西宁市和海东地区平安、互助、乐都和民和四县。而海东地区除前述四县外，尚包括化隆、循化两县。按照青海省规划，东部城市群建设不包括化隆、循化两县，而按照海东地区规划，两县纳入东部城市群建设范畴，故有关数据有差异。

合《青海省"四区两带一线"发展规划纲要》《关于推进以西宁为中心的东部城市群建设的意见》《海东地区国民经济和社会发展第十二个五年规划纲要》，经过综合分析，确定海东地区在东部城市群中的发展定位。

一　海东地区发展目标

在青海东部城市群"一核一圈一带"的空间布局中，海东地区处在平安、乐都、民和城镇发展带上，海东地区的总体定位是：城市群最具发展潜力的增长极，承接产业转移示范区，矿产资源精深加工走廊，城乡一体化发展重点区，扶贫开发综合试验区，基本公共服务均等化先行区，最具特色魅力的城市带，全省重要的宜居宜业地区。

（一）城市集群方面

以打造东部城市群为契机，积极创造条件，加快撤区建市步伐，改善城市设施条件，着力打造城市群次中心城市，完善城市体系，强化城市综合服务功能，提升城市品位和城市形象，把海东地区打造成为城市群核心组成部分，区域性中心城市，彰显河湟魅力风情、宜人宜居宜业的特色城市带，城乡一体化发展重点区。

（二）农业发展方面

依托海东地区特色农畜产品种质资源、农业发展基础、科技水平、加工转化能力和发展潜力，建设河湟特色种养业百里长廊，加快湟水流域和黄河谷地土地综合开发整理，不断提升区域农业规模化、设施化、专业化、绿色化、现代化发展水平，努力把海东地区打造成为特色农副产品生产加工和集散中心，农业现代化示范区，现代设施农业产业化走廊，城市群"菜篮子"主要生产、供应和保障基地。

（三）产业集群方面

发挥区域矿产资源优势，夯实产业基础，加快推进技术创新，积极承接产业转移，培育优势产业集群。把海东地区打造成为城市群特色工业集聚区，重要的制造业、新型建筑材料、新型合金材料生产基地，绿色、有机食品生产加工基地，承接产业专业示范区。依托区域人口、区位、市场体系的优势，坚持市场化、产业化、社会化发展方向，优化服务业发展环境，制定产业扶持政策，完善服务市场体系，把海东地区建成城市群重要的物流枢纽，区域性历史文化旅游、民族风情旅游、生态旅游示范区，重要的职业教育示范基地。

（四）行政管理体制方面

形成权责一致、分工合理、决策科学、执行顺畅、监督有力的行政管理体制。坚持社会优先发展，把事关全区各族人民的就业、教育、科技、文化、医疗卫生、社会保障、收入分配等社会事业放在突出位置，加大投入力度，完善体制机制，强化政策保障，加快推进基本公共服务均等化，把海东地区打造成为城市群社会事业发展先导区，基本公共服务均等化引领区，人民群众最具幸福感和满意度的地区。

（五）法治建设方面

按照公正、公平、平等、透明及参与的原则，创新工作思路，重视并理顺城市群建设过程中的各种法律关系，大幅度减少各类社会矛盾的发生，杜绝各类可能带来社会稳定问题的隐患，切实实现海东地区城市群建设中的统筹发展与和谐发展。

二　海东撤区建市面临的障碍

（一）理念的问题

一是发展理念存在的问题。面对汹涌而来的产业集群和城市群建设热潮，地方领导干部在理念和发展思路上存在迷茫现象。对全球经济发展大势了解不够，对全国区域经济竞争认识不清，对青海实施跨越式发展没有概念，对城市群建设缺乏信心。一些人认为海东所辖县城不具备设市的基础条件，缺少强有力的产业支撑，不能按照城市群的规划去发展。在东部城市群既定战略下，对本地区的发展没有思路，部分领导对本地区发展思路不清晰，主观能动性较差，"等靠要"思想严重。二是管理理念存在的问题。海东地区所辖的六县都存在一定管理局限。授权意识较弱，总体上统得过死，造成基层和有关职能部门没有工作积极性，对发展战略的理解力下降，执行力随之减弱。各县管制思想严重而治理思想较弱，管制重在强制性，而治理重在协调性，管制在发展的初期会起到较好的作用，但随着经济社会的发展，缺乏治理将会造成体制僵化，从而走向低效。

（二）人才的问题

海东地区缺少企业家尤其高层次企业家。如果海东地区不能有效培育一批高水平的企业家，那么现代农业、富硒产业以及其他的产业发展将仍然停留在低水平运营上。另外也缺少专业技术人才。海东地区是青海省农业发展的龙头地区，但调研发现，即使是国家级农业示范园区，与东部地区特别是山东寿光相比，产业的效率和效益相差较远。究其原因，一是商业模式有待改进；二是缺乏拥有先进技术的专业人才。海东地区目前所要发展的现代物流、金属精深加工都需要大量的专业技术人才。

（三）协调的问题

在区域协调上，没有建立有效的机制。由于行政区划的条块分割，在协调问题上，仍然是由上级政府出面，而上级的协调往往会演变为行政命令或指导意见，容易出现各县之间主体地位不对等的情况，同级政府较少进行平等磋商、谈判协调。县相关职能部门对本县工业园区的发展战略、产业定位及发展措施认识不清。对于本县与外县产业发展的联系，产业之间的互补性等问题缺乏思路。职能部门之间联系不够紧密，互动不强，进而影响建设进程。

（四）金融的问题

各县金融机构有限，金融机构大都主要吸收存款，放贷较少，县上的企业若想得到贷款，一般要到省分行才能办理，增加了企业的融资成本，降低了企业的融资效率，阻碍了企业的快速发展。融资手段不足。海东地区没有一家上市公司，企业发展不可能依靠资本市场，融资手段有限，只能靠间接融资，而不能通过直接融资来发展产业。海东地区已成立了地区一级的政府融资平台——海东投资有限公司，该公司注册资金1亿元，但是仅此一家政府融资平台，不可能承担起东部城市群及海东地区产业集群建设的重大任务。

三　区域中心城市选择

确定次中心城市对海东地区乃至青海东部地区经济社会发展都具有十分重要的引领和辐射带动作用。从海东地区各县的人口、区位、经济社会发展水平、城镇发展空间和发展潜力等综合情况看，乐都县和民和县发展城市群次中心城市的基础和条件相对较为优越。由于两地紧密相连，互为近邻，二者在交通区位、资源禀赋、人口、产业结构、经济发展水平等方面具有很强的相似性和同质性。因此，两县在优势、劣势、机遇、挑战等方面的重合与交叉显著，在具体分析过程中对相似内容进行归类处理，主要体现两县在同一条件下的差异性。

（一）各自优势比较

（1）良好的自然区位条件。乐都县地处海东地区中心地带，东、南、西、北分别与民和县、化隆县、平安县、互助县接壤，区位优势显著；全县处在东部城市群中平安、乐都、民和城镇发展带的"一带"中间位置，便于发挥中心集聚和辐射带动作用；乐都县城距离全省航空枢纽曹家堡机场仅30多公里，距离省会西宁市60多公里，受西宁市经济辐射的能力相对较强；县城碾伯镇是全省三个海拔在2000米以下的城镇之一，宜人宜居优势突出；109国道、兰西高速公路及兰青铁路过境，交通十分便利。民和县有青海省"东大门"之称谓，是东部城市群"一带"空间布局中的重要节点和组成部分，地理位置独特，尤其与甘肃省交往更为紧密；县城所在地也是全省三个海拔在2000米以下的城镇之一，宜人宜居优势突出；109国道、兰西高速公路及兰青铁路过境，交通十分便利。但不难看出，民和县城所在地与乐都县城相比，距离西宁市较远，在东部城市群中处于边缘位置，地理区位优势不如乐都县突出。

（2）经济发展基础较好。2010年乐都县经济总量为35.3亿元，占全区地区生产总值的20.4%；人均GDP达12250元，相当于全区人均GDP的98.8%；"十一五"时期经济年均增速达13.9%，超同期全区经济年均增速0.6个百分点。农业、工业、服务业产业门类齐全，基本建立了现代特色产业体系，特别是现代农业、装备制造、新型建材、农副产品加工等产业基础相对较好，规模化、专业化水平较高，发展潜力和市场前景广阔。民和县2010年经济总量为28.9亿元，人均GDP为7110元，均低于乐都县；"十一五"时期全县经济年均增速为12.3%，低于同期乐都县经济年均增速1.6个百分点。从产业结构来看，民和与乐都有很强的相似性，但在现代农业、装备制造业等产业发展水平上低于乐都县。全县人口达41万人，比乐都县多出11万人。

（3）教育文化事业较为发达。乐都县历史悠久，文化底蕴十分厚重，一直是全省文化发展的核心区之一，在全省范围内享有很高的知名度。同时，全县注重教育事业发展，尤其在基础教育、职业技术教育等领域发展成效最为显著，是远近闻名的教育大县。教育文化事业发达，为经济社会发展培育了大量人才，成为全区人力资源相对富集的地区。民和县在教育文化事业发展上与乐都县具有很强的一致性，县域历史悠久，文化底蕴深厚，是青海东部河湟文化的重要组成部分。近年来，全县基础教育事业发展较快，为全县培育了一批人才。但在文化知名度等方面低于乐都县。

（4）城镇化发展基础较好。目前，乐都县城建成区面积达8平方公里，到 2015 年建成区规划面积将达 16 平方公里，2020 年规划面积将达到 32 平方公里，城镇发展空间很大。2010 年全县城镇化率达到 34%，在全区六县中居第二位（仅低于平安县）。民和县城建成区面积 7 平方公里，特别是近年来川垣新区发展较快，极大拓展了县城发展空间，已经成为全县新的发展中心。2010 年全县城镇化率仅有 26%，低乐都县 8 个百分点。

（二）劣势对比

（1）经济发展总体水平不高。乐都、民和两县经济总量小，发展水平不高，自我发展能力不强，辐射带动能力有限。两县人均 GDP 分别相当于全省平均水平的 51%、30%；实现地方财政一般预算收入 0.73 亿元、1.06 亿元，仅相当于全省同期水平的 41%、60%。综合来看，乐都县、民和县经济发展水平低，自我发展能力不足，与全省水平有较大差距。

（2）产业结构较为单一。乐都、民和两县产业结构层次偏低，传统产业所占比重高，农业基础依然薄弱，农业现代化水平较低；工业产业链条短，工业产品以初级产品和中低档为主，科技含量高、附加值较高的产品少，特别是大型企业集团和国内知名名牌产品更少；服务业发展缓慢，以传统服务业为主，为工农业生产服务的现代物流、金融、保险、科技、信息、咨询、中介等新兴服务业发展缓慢，辐射带动能力不强。2010 年乐都县、民和县实现工业增加值 8.8 亿元、7.1 亿元，分别占县域经济总量的 25%、24.6%，且主要以建材、有色金属和黑色金属冶炼、农畜产品加工等传统产业为主，高端加工制造业、新能源、新材料等体现工业现代化水平的新兴工业发展不足。

（3）城镇人口少，城镇化水平低。2010 年乐都县城镇人口为 9.8 万人，占全县总人口的 34%；同期，民和县城镇人口为 10.7 万人，占全县总人口的 26%，城镇化率分别比全省平均水平低 11 个百分点、19 个百分点。此外，城镇人口分布分散，城镇产业支撑能力不强，城市功能和配套服务跟不上，更多表现为人口和土地的城镇化。

（三）海东地区发展机遇

（1）新一轮西部大开发的战略机遇。新一轮西部大开发，为西部各省区加速发展提供强有力的政策支持，加快转变发展方式，东部产业转移，支持青海藏区发展，打造兰州—西宁经济区等一系列重大战略举措，从政策措施、资金投入、产业布局、人才开发等方面继续支持西部地区基础设施建设、特色产业培育、社会事业发展、公共服务、生态保护等，这为包括乐都、民和在内的海东地区加快发展提供了战略机遇和新的发展动力。

（2）承接产业转移的机遇。目前，全球金融危机对产业结构的影响不断显现，行业重新洗牌，企业优胜劣汰是必然规律。东部沿海地区发展劳动密集型和资源密集型产业的成本优势正在逐步消失，产业加快向中西部地区转移的压力进一步加大。青海东部城市群区位优势明显，比较优势突出，具有较好的产业基础，可以充分利用两个市场、两种资源，加快产业结构战略性调整与升级，为承接产业转移提供巨大的空间和机遇。

（3）加快转变经济发展方式的机遇。加快经济发展方式转变将是未来一段时期我国经济发展的一项重大战略任务，通过产业、投资、财政、金融、税收、环保、土地等多种政策合力，加强对转变经济发展方式的政策调控，为乐都、民和等区域开发密度小、工业基础薄弱的地区，加快转变经济发展方式、优化县域生产力布局、促进产业结构优化升级和转型、布局重大工业建设项目、建设资源节约和环境友好社会建设提供了重大机遇。

（4）全省进入加快发展的战略机遇期。近年来，青海省委、省政府提出并着力推动"四个发展"、加快实施"四区两带一线"区域发展战略、打造以西宁为中心的东部城市群等，全省已进入加快发展、追赶跨越的战略机遇期，这为乐都县、民和县积极争取国家和省上支持，加快推进撤县建市、完善基础设施、保障和改善民生提供了千载难逢的发展机遇。

（四）海东撤区建市面临的挑战

（1）受中心城市集聚能力的挤压日益加剧。西宁市作为省会城市具有政策优势与强大的集聚功能，由于其政治、经济、文化中心的地位，坚实的经济基础，大城市的便利设施，极大地吸纳和集聚了包括乐都、民和等周边地区的矿产、人才、资金、技术等资源，造成周边地区资源的大量流失，同时由于城市辐射的空间距离衰减作用的影响，无法直接接受中心城市的辐射作用和经济扩散，成为城市集聚和辐射的"阴影区"，资源的流失严重影响到海东地区经济社会的发展。

（2）城镇功能不完善。经过多年发展，乐都县与民和县的部分城镇已经发展成为具有一定发展基础和实力的专业化城镇，但与经济发达地区的城镇相比，无论是城镇建设水平，还是城镇的经济实力，都有很大差距。同时，除了县城功能类型较多，综合性较强外，其他城镇功能单一，基本上是所在镇域的商贸中心，其外向功能微弱，使得各城镇之间的分工协作不紧密，城镇整体发展水平不高。

（3）资源环境压力与科技创新挑战。目前，乐都、民和两县高投入、高消耗、高排放、低产出的粗放型增长模式仍然没有得到根本性转变，资源利用效率较低，生态环境比较脆弱，经济社会发展面临的资源环境约束日益加剧。同时，两县科技研发和自主创新能力不强，科研机构和人才队伍建设滞后，特别是高端加工制造、资源精深加工、新能源新材料、生物医药等领域研发跟不上发展需要，提高区域产业核心竞争力的任务还很艰巨。

（4）撤县建市面临的体制约束。2010 年年底，乐都县总面积 3050 平方公里，总人口 29 万人，每平方公里人口密度为 95 人。民和县总面积 1780 平方公里，总人口 41 万人，每平方公里人口密度为 230 人。按照国务院关于设立县级市的标准划分，乐都县、民和县撤县建市都可按照每平方公里人口密度在 100 人以下的条件执行。

通过以上综合分析，打造东部城市群次中心城市，乐都县在地理区位、经济实力、产业基础和发展优势及发展潜力等方面的可行性优于民和县。

第三节　海东撤区建市存在的问题分析

一　行政管理体制存在的问题

海东地区是青海省农业经济区和乡镇企业发展最快的地区。海东地区行政体制曾经在改革开放中发挥了积极的作用，适应以农业社会为特点的社会经济发展，解决了在政治、经济或社会其他领域的多方面公共问题，但也存在不少问题。

（一）海东城市群建设无地级、县级城市，主体缺位

海东城市群是在海东区域范围内具有相当数量的不同性质、类型和等级规模的城市，依托一定的自然环境，以一个或两个大城市作为地区经济的核心，借助于现代化的交通工具和综合运输网的通达性，以及高度发达的信息网络，深化城市个体之间的内在联系，共同构成一个相对完整的城市"集合体"。但海东地区本身没有城市，属于主体缺位。海东地级市如

获得批准，城市建设才可能解决主体落实问题。

（二）地区行政公署法律地位不适应海东城市群建设需要

海东地区行政公署只是派出机关，但在实际中又作为一级独立建制运作，起着一级政府的作用。城市群建设必须是在具有政治、经济、文化主导功能的一级政权的领导下，由政府配置资源。但是，海东地区行政公署并没有这个法律权限。无权规划、无权配置资源的限制，是海东城市群建设中面临的最大问题。

（三）海东地区政府行政审批制度不适应城市群建设需要

在城市群建设运行中，难在规划、难在审批、难在执行，特别是行政公署及其组成部门的审批环节，给行政效能的提高设置了体制障碍。海东地区行政公署虽然在行政级别上和地级市一样，但从法律上看，行政公署只是省政府的派出机构，并没有法律规定中的行政职权和机构设置。在政策的制定和实施方面、行政管理权限方面包括编制安排等，与地级市之间存在很大差距。

（四）行政管理活动难以突破行政区划边界

现实中，各县政府作为地方利益代言人，谋划布局均以本地区群众利益为出发点，缺乏大局意识和协作精神。表现在城市群建设方面，就是行政管理活动的地方保护主义现象突出，行政规划缺乏地区级统筹统领；产业发展高度雷同，缺乏错位发展思路；区域协调不足，各自为政，信息互通不畅；行政执法合作和配合不够，执法中地方保护主义现象比较突出。

（五）县级领导干部调动频繁导致政府短期行为

调研发现，县级领导干部职务变动频率较高，干部在县与县之间的工作调动也比较频繁。不少干部对一个地区一个部门工作情况刚刚熟悉，尚未开展开创性工作，其工作地区和工作岗位就发生变化。根据现行干部政绩考核指标体系，干部难免为短期政绩忽视地区的长期发展。其结果是干部在工作中重点考虑自身的职务升迁，难以促进当地经济和社会发展。

二　统筹城乡发展改善民生中存在的问题

（一）民众利益表达机制不健全，普通民众对东部城市群建设参与度不高，存在政府大包大揽现象

在青海东部城市群建设调研中发现，政府部门及工作人员对青海东部城市群建设反响热烈，青海省委、省政府已于2010年年底下发了《关于

推进以西宁为中心的东部城市群建设的意见》，并专门召开了推进以西宁为中心的东部城市群建设动员大会，省委、省政府主要领导做了专题讲话。会后，省政府各相关部门，西宁市、海东地区及所属县区积极行动起来，着手实施调研、规划，一些与东部城市群建设直接相关的部门已经成立，如海东工业园区等，土地征用工作已经展开。海东地区委托中国规划总院承担平安、民和两县规划任务，委托清华大学规划院承担乐都县规划任务，上海同济大学规划设计院承担互助、循化两县规划任务，由天津大学规划设计院继续修改深化化隆县城市规划。预计规划进度安排为2011年4月中旬完成各县县域现状调查，地区规委会组织各规划编制单位及相关专家召开学术研讨会，就以西宁为中心的东部城市群功能定位、产业布局、城市风貌等进行研讨论证，各县城市总体规划和东部城市群区域体系规划、西宁城市总体规划及各基础设施专项规划充分衔接。但与政府部门的积极主动相对应的是，未来东部城市群所辖区域内的民众对东部城市群建设缺乏应有了解。普通民众不清楚在东部城市群建设中应当做什么、能够得到哪些利益。也不清楚东部城市群建设和自己的生活及未来发展之间的关系。调研中也没有发现承担规划设计任务的相关机构征求规划地区域内的普通民众的意见或建议，政府一头过热的现象比较明显。民众的知情权、参与权并没有得到充分的保障。

（二）反贫困制度不健全，东部城市群建设与地区脱贫关联度不高

青海东部地区既是青海自然条件最好、海拔最低、适宜人类居住和经济开发的地区，也是青海省人口最集中、贫困问题最严重的地区。其中有国家扶贫开发工作重点县大通县、湟中县、平安县、乐都县、民和县、循化县、化隆县等，其他如互助县、湟源县也属贫困县。东部地区除西宁市区外，主要为农业区，工业基础薄弱，工业和第三产业比重较低，缺乏经济发展所需支柱产业，人均耕地面积少，农民增收缓慢。多年来这一地区是青海省扶贫开发的重点和难点。青海东部城市群战略提出和实施后，政府势必将更多精力和财力投入到城市建设中，扶贫开发工作在一定程度上将受到影响。综观青海省委、省政府出台的城市群建设政策，贫困问题将会制约地区发展，影响当地贫困人口的民生保障和民生改善。

（三）土地征用补偿标准不高，失地农民权益保障问题突出

根据青海省土地征用补偿标准，许多农民土地被征用后所得补偿难以购买商品房，农民在失去土地后丧失生活来源，生活水平难以达到征用前

水平。青海东部城市群建设中需要征用大量土地，这些土地大多为靠近城镇的优良耕地。土地征用后主要用于城镇建设和工业园区建设。按照现有补偿标准，农民取得的补偿无法满足解决居住、发展所需资金。许多地方土地征用补偿后，失地农民后续生活无法安排，没有将失地农民纳入社会保障体系。一些地方的土地征用纠纷急剧增加，引发新的社会矛盾。

（四）土地管理执法难度增加，土地违法案件增加，土地管理法律制度与城市群建设矛盾突出

我国现行土地管理制度严格控制土地尤其是耕地转变为非农业用地，必须确保 18 亿亩耕地红线。根据对海东地区的调研，许多地方已经开始土地征用，有些县征用目标将近 15000 亩，少的也有 13000 亩。这些土地主要用于工业园区建设和城镇建设。按照既定目标，整个海东地区土地征用将近 85000 亩。如此多的土地征用必然会出现两种情形：一是土地违法案件大量产生，因为按照土地占补平衡要求和土地征用审批程序，海东地区不可能取得如此大面积土地的合法征用手续。如果盲目征用，势必导致土地征用违法案件的发生，而且这些违法案件是由地方政府直接造成的。二是失地农民急剧增加。目前海东地区的平安县、互助县、乐都县以及民和县等地已经有相当数量的失地农民出现，在目前的补偿标准下，这些失地农民的生活水平和生产能力将会受到很大影响。调研中发现，各县土地管理部门感觉难度很大，既不能抵触政府的要求，又无法解决城市群建设与土地管理法律制度之间的矛盾。社会保障部门明确表示现有财政能力无法将失地农民全部纳入城市低保，失地农民的后续保障难以为继。

（五）户籍制度改革进展迟缓，城镇化比率提高难度较大

根据对西宁市、海东地区的调研，目前户籍制度改革实施进展缓慢，直接表现就是农业人口转为城镇人口意愿不强，转户户数及人数很少。已经转户的大多数为失地或无地农民。其他农民即使已经在城镇生活，也缺乏转户的积极性。究其原因，一是户籍的功能越来越弱，城镇户籍与农业户籍的差异性缩小；二是农业户籍的保障和福利性在加强，许多农民愿意在城镇工作和生活，但不愿意放弃农村的财产、保障和福利；三是城镇社会保障制度没有全面铺开，这也是农民缺乏转户积极性的一个重要原因。因此在短期内通过转户来增加城镇人口比例有很大难度。目前只有平安县具有较高的城镇化率，而其他五县的城镇化率离县改市有很大差距。尽管各县都把外来人口、生态移民、回乡养老人口纳入城镇人口，但实际上这

三类人口比例很小，而且在进出方面能否保证平衡也是问题。通过这些方式来提高城镇化率是不可行的。而且城市群建设的目标就是统筹城乡发展，造福本地民众，因此提高城镇人口比率的最主要途径是加快农村发展，推进户籍制度改革。

（六）公共服务均等化缺乏制度保障

城市群建设的一个基本趋向是首先发展城镇，城市与县域经济的区别在于城市以城镇为核心，县以农村为重点。目前青海东部地区区域内的经济发展水平存在明显差异，乡村与城镇在公共服务方面差别较大。在这种情况下，推进城市群建设势必加大差别，难以实现公共服务均等化要求。基本的如教育、医疗、社会保障等方面，青海东部与青海其他地区存在差别，东部地区区域内差异也不小。调研中化隆县、循化县对公共服务差别大现象有较大意见。这两县的基础教育水平与其他四县差别不小，高考升学率和重点率无法相提并论。迫使许多家长不得不花费大量财力和精力将孩子送到其他地方上学。优秀教师流失到海东其他地区、西宁市，甚至沿海地区。他们强烈建议有关部门关注此事，以解决本地学生获取同等至少相近的受教育机会。综观青海东部地区，公共服务的优质资源主要集中在西宁市，每年高考重点率和升学率均居绝对优势。全省优质医疗资源基本集中在西宁市，如青海省人民医院、二医院、三医院、四医院、五医院、中医院、武警医院、陆军四医院、省妇幼保健院等医疗设备条件好、医疗水平高的医疗机构均集中在西宁市，不仅如此，西宁市级医疗机构及各区医疗机构和社区医疗服务机构基本实现了全覆盖。全省其他地区干部群众就医多选择到西宁市，不仅增加了患者负担，也导致医疗机构发展呈非均等状态。青海东部城市群建设在聚集资源，重点发展的同时，加剧了地区发展的非均衡性。现有东部城市群建设政策缺乏保障公共服务均等化的法律制度安排。

第四节　西部地区统筹城乡发展的法律思考

随着城市群建设的发展，海东地区的经济和社会生活内容将非常丰富，会有大量的工作需要政府来承担。海东城市群建设必须形成省与市县权责一致、分工合理、决策科学、执行顺畅、监督有力的行政管理体制；省级政府规划、指导、协调、监管能力明显增强，市县发展活力明显增强，各级政府行政效能明显提高，最大限度地激活市县在青海经济社会发展中的潜能。当前青海存在省级政府与市县政府权责不统一现象，省直管部门权限过于集中，而承担地方经济社会发展直接责任的市县政府缺少应有的权力和活力。撤销地区建制，实行地级市领导县级市的体制，新的体制运行后将给海东经济带来巨大的活力。

一　西部统筹城乡要加强政府管理创新

（一）理顺关系，适时撤地建市和撤县建市

在实践中，应根据据城市经济发展的趋势，灵活选择海东城市群行政管理体制。海东地区如能撤地建市，使地区由派出机关转为一级政府，在原有机构和编制的基础上进行，对社会的影响小，容易顺利过渡。对于人口和经济达到一定规模且对周边有较大辐射力的县可以撤县建市。海东地区的平安县、乐都县、民和回族土族自治县、互助土族自治县的发展已经形成一定的规模，对于青海的其他地区具有较大的辐射力，经过一定的努力改县为市是合理的。由于平安县、乐都县、民和回族土族自治县、互助土族自治县与中心城市西宁相距很近、交通方便、经济联系十分密切，且与海东地级城市经济联系密切，当属地级市管辖。①

（二）强化省政府和海东地级政府的协调，推进城市群建设

强化省政府和海东地级政府的协调作用及宏观调控能力。要加强省政府和海东地级政府的财政能力和宏观政策的执行监督，集中管理具有全省性和全区性影响的公共事务。努力形成全省人流、物流、财流、信息流、技术流、商务流、文化流、价值流，聚焦城市群发展。

（三）简化、下放行政审批权

城市群建设中，为了提高行政效能和调动县级市政府的积极性，将政府的审批审核权限，按照法律法规的要求，该简化的简化，该下放的下放。下放审批权，必须注意事权和人权关联起来。同时，要给乡镇政府一定的管理权限，使乡镇执行层有权力支撑。

（四）改革城市群政府行政机构框架，提升行政管理效能

按照精简、统一、效能的原则和决策、执行、监督相协调的要求，使

① 2013 年 2 月 8 日，国务院批复同意青海省撤销海东地区，设立地级海东市；海东市政府由原平安县迁至新成立的乐都区。2015 年 2 月 16 日，撤销平安县，设立海东市平安区。本研究保留原貌。

城市群政府组织机构更加合理、科学、高效。改革城市群政府行政机构必须注意：第一，按照发展建设、财政金融、社会保障、科技与教育、文化与体育、国土资源、城乡统筹等管理要素设置城市政府部门，最大限度地避免职能交叉，防止政出多门。财政金融部门的改革必须先行，如化隆回族自治县、循化撒拉族自治县在融入城市群建设中面临的第一个困难就是金融体系的缺失，其他四县也不同程度地存在同样问题。第二，适应城市群的发展趋势，加快实施区域发展总体战略，遵循市场经济规律，突破行政区划界限，以西宁中心城市和乐都副中心城市为依托，形成辐射作用大的城市体系。第三，推行政府行政决策、执行、监督功能分设，使决策部门超脱利益格局，使执行和监督机构专业化，提高政策执行质量和效率。如建立县城乡规划局、将旅游局设为行政机构、建立高原富硒工业园区等。第四，完善监督管理，通过发挥人大、政协、媒体、司法、市民等外部监督力量，确保行政权力依法行使。

二　统筹城乡发展中的民生保障法律问题

(一) 改善民生需要法律制度来保障

新一轮西部大开发中必须坚持科学发展观，全面推动经济社会发展；必须坚持把保障和改善民生作为一切工作的出发点和落脚点，让各族群众共享改革发展成果；必须坚持改革开放，增强发展动力和活力；必须坚持发挥社会主义制度的政治优势，走共同富裕道路。狭义上的民生概念主要是从社会层面上着眼的。所谓民生，主要是指民众的基本生存和生活状态，以及民众的基本发展机会、基本发展能力和基本权益保护的状况等。法律关系的基本要素是法律关系的主体、客体和内容，主体是法律关系的参加人，民生保障法律关系的主体是政府和公民，政府在该法律关系中承担改善和保障民生的基本义务，公民享有民生保障的权利，保障民生法律关系的内容是公民享有的权利。

(二) 要保障城乡居民的发展权

发展权是民生保障的基本权利，是国家实施新一轮西部大开发的基本目标。是个人、群体或家庭积极、自由地参与政治、经济、社会和文化的发展并公平享有发展所带来的利益的权利。新一轮西部大开发的根本出发点就是保障西部地区广大干部群众的发展权。青海东部城市群建设涉及青海东部地区乃至青海省大多数人口的利益，是西部经济后发展地区干部群众共享改革开放成果的事业。如果不充分考虑城乡居民的发展权问题，不仅影响城市群建设，也会造成地区不稳定、民族不和谐等问题。西部大开发不仅要让西部地区民众在经济上有所发展，还要在政治、文化等方面有所发展，不仅要让地区得到发展，也要让民族、家庭和个人有所发展。这种全方位的发展需要通过相应的制度安排和实施来保障。

（三）要保障居民居住权，提高城乡住房保障水平

东部城市群建设涉及数百万青海各族群众的切身利益，其中居住权是一项重要的基本权利。城镇居民生活条件改善的一项重要标准就是居住条件的改善，实现居者有其屋的基本目标。农村居民也应当在东部城市群建设中获益，改善农村居住条件是广大农牧区群众的迫切愿望。按照现行政策制度，城镇居民住房条件改善不仅需要增加商品房供应，更要切实执行保障房建设和廉租房建设，以满足城镇化率提高的需要。当前在城镇规划及建设过程中房地产开发应当作为一项重要工作来抓。与此同时，在当前房价高企的背景下，提高城镇化率，加快户籍制度改革，推进农村人口向城镇转移的重要手段就是政府应积极干预房价，使更多的自住和改善住房需求得到满足。防止开发商和投机投资性住房挟持房价上涨。东部城市群规划区应当实施住房限购。否则，房价过快上涨势必影响城镇人口增加，制约户籍制度改革，从而最终影响城市群建设。另外，东部城市群建设规划区域内广大农村村民正在通过自身努力改善居住条件，但目前建筑材料上涨严重制约农村住房改善，虽然政府通过农村住房改善项目帮助农民改善住房，但该项目资金有限，涉及面不广，大多数农民并未得到实惠。而且目前农村住房质量较差，抗自然灾害能力不强，因此政府应在城市群建设过程中出台相应政策，加大扶持力度，以新农村建设来带动农村住房改善，保障农民的居住权。

（四）建立健全扶贫开发法律制度

目前我国农村扶贫开发主要依靠相关政策来推进，缺乏相应法律制度做支撑。政策实施的随意性较大，除扶贫开发办公室外，其他部门也在各自职权范围以项目来带动脱贫。各部门之间缺乏有效沟通，有些部门虽有较高的工作效率和成绩，但缺乏相应资金，也有的部门虽有大量资金，但缺乏应有效率和成绩。项目实施和资金投放中暗箱操作较为普遍，凭各种非正当关系跑项目已经成为基层政府部门的重要工作，不仅导致社会资源的不公正分配，引发腐败案件发生，也使广大群众对党和

政府的扶贫开发政策产生怀疑。西部扶贫开发是一项长期而尖锐的工作，单靠政策和机动性的项目无法实现既定目标，需要制定相应的法律制度，以公开、公平、公正的分配来实现扶贫开发的目的，通过公开、公平、公正的程序性保障使经济资源得到有效利用，更重要的是树立群众对法律制度的信心。因此应在现有的扶贫开发政策基础上，通过制定专门法律和相应法规，或者地方性法规和规章，将扶贫开发纳入法治化、程序化轨道。

（五）实现基本公共服务均等化的法治保障

基本公共服务包括三个基本点：一是保障人类的基本生存权（或生存的基本需要），为了实现这个目标，需要政府及社会为每个人都提供基本就业保障、基本养老保障、基本生活保障等；二是满足基本尊严（或体面）和基本能力的需要，需要政府及社会为每个人都提供基本的教育和文化服务；三是满足基本健康的需要，需要政府及社会为每个人提供基本的健康保障。随着经济的发展和人民生活水平的提高，社会基本公共服务的范围会逐步扩展，水平也会逐步提高。其中教育、医疗、就业和社会保障是基本公共服务的着力点。当前我国基本公共服务体系已建立，但由于落后的经济发展水平导致西部地区基本公共服务水平与发达地区存在越来越大的差距，这也是影响社会稳定的一个重要因素。即使是西部地区，各地公共服务的均等化也存在很多问题。虽然现行法律对该问题做了一定规定，但该问题的解决还需要在继续制定和完善现有法律法规的基础上，通过地方性法规和规章进一步细化和规范。

（六）切实解决户籍制度改革中的农民权利保障

目前青海东部地区户籍制度改革实施面临的问题是转户人口少，转户意愿不强。调研中反映的基本问题就是目前农村优惠政策多于城镇，所以农民对转户缺乏积极性。实际上转户农民也有其难处，调研发现，目前转户农民难以纳入城镇低保，也难以进入城市居民养老保障体系。因此转户农民有"远虑"，缺乏转户积极性。从政府角度来看，财政没有能力将所有转户居民纳入低保，也没有能力纳入城镇养老体系，因此政府财政困境是户籍制度改革推进缓慢的根本原因。从近忧来看，农民转户后一时也难以享受社会保障等政策。在海东调研时发现一些土地被征用的失地农民获得的土地、房屋等补偿款项合起来尚不能在城镇购买一套住房。鉴于以上情况，建议如下：一是对转户进城农民按照一定条件一定期限纳入城镇低保，并将转户进城农民纳入城镇养老体系；二是对转户进城农民纳入廉租房和保障房体系，解决住房问题；三是对土地征用后的失地农民转户进城的，在城镇建设安置房。

（七）土地征用应保障农民权利

海东地区在推进东部城市群建设中实行优惠地价政策，这个政策的实行要慎重，不能以牺牲农民利益为代价。调研发现，许多土地被全部征用的失地农民所有补偿加起来都不能在城镇购买一套商品房。究其原因，海东地区各县为了招商引资，力争在土地征用成本上做文章，尽可能把土地征用成本降下来，以廉价土地来博得投资者的青睐。而要降低土地征用成本，最直接的手段就是降低对被征用土地农民的补偿水平。失地农民土地被征用后不仅生活困难，而且最基本的住房也成了问题，难以通过土地征用补偿款来购买商品住房。一些地方在土地征用中没有修建农民的安置房，更不用说其他社会保障。东部城市群建设的基本目标是提高当地老百姓的生活水平，改善民生，并不是政绩工程，因此单纯为了城市建设而搞城市群的做法是不可取的。建议对东部城市群建设的所谓优惠地价政策应谨慎实施，应当将土地征用中农民的户籍改革、养老等社会保障以及住房改善统筹起来，在土地征用成本中将这些基本要素考虑进去。对因土地征用而造成生活困难及失地的农民，全部纳入城镇社会保障，所增加费用应计入土地征用成本。如此即可通过户籍制度改革增加城镇人口，实现城镇化水平的提高，也可保护农民利益，减少因城市群建设而引发的社会矛盾。

第五章

西部城市民族工作法治化问题

第一节 城市民族工作现状

一 近年来城市民族工作研究现状

近几年学者发表了一系列学术成果，主要聚焦以下领域。

（一）城市民族问题研究

少数民族进入城市，因生活习惯、宗教信仰、民族文化差异等原因产生了一些冲突，有些城市形成了一些少数民族聚落。学者们认为，主要是因为：进入城市的少数民族人员经济文化水平相对滞后；在城市，少数民族的风俗习惯和宗教信仰得不到应有尊重和包容；在城市环境下少数民族意识日益增强等因素，容易引发民族关系问题。另外，城市相关部门及工作人员不全面了解党的民族宗教政策或工作方法不当而引发涉及民族因素的冲突。城市民族问题反应快、连锁性大、敏感性强，是我国民族问题的窗口、晴雨表、测量表。[①] 究其原因，一是进入城市的少数民族人员不适应城市生活；二是城市对大量涌入的少数民族人员不适应；存在"五个不到位"问题，即思想认识不到位，法治建设不到位，政策法规宣传不到位，服务和管理不到位，工作手段和机制不到位。[②]

（二）城市民族关系研究

城市民族关系具有特殊性、包容性、辐射性、示范性、动态性等特点。有学者认为，城市民族间的交往交流往往呈开放性、多方位态势；有学者认为，城市民族关系具有多向性、历史性、差异性、场景性、复杂

---

① 林钧昌：《城市化进程中的城市民族问题研究》，中央民族大学出版社 2009 年版，第 3 页。

② 郑信哲、张红：《关于城市民族问题的研究综述》，《黑龙江民族丛刊》2010 年第 5 期。

性、政策性等特点。① 也有学者认为，我国中东部地区城市民族关系具有利益性、复杂性、敏感性、影响广泛性、转化性等特点。城市民族关系的变化与城市少数民族人口流动密切相关。学者从不同角度对城市少数民族流动人口进行研究，流动过程中环境变化会产生民族关系的协调问题。学者们同时研究了影响城市民族关系的一些因素。因经济利益冲突而引发的矛盾；因民族政策落实不到位而引发的矛盾；因对少数民族风俗和文化缺乏了解而引发的矛盾；部分少数民族把一般民事问题看成民族问题，使矛盾激化。②

（三）城市民族工作研究的问题

当前城市民族研究尚存以下问题：

（1）研究较为琐碎，缺乏系统性和整体性。学界往往局限于一个或几个城市，就城市民族工作的某一方面进行研究，导致研究缺乏整体性把握。研究结果对整个城市民族工作缺乏指导意义。城市民族工作需要多部门合作，单靠城市民族工作主管机关很难完成。

（2）现象描述多，理性分析不足。研究集中于城市民族工作存在的问题及具体做法的描述，缺乏理性而深入的分析和归纳，许多城市的做法很难上升到理论高度以具有普遍价值。

（3）政策研究多，法律制度设计不足。由于我国城市民族工作更多地以各地出台的一些政策解决实际问题，使得学界的研究多以民族政策作为研究对象，政策的易变性导致地方成功的做法难以普及，稳定性不足。究其原因，是当前我国城市民族工作立法不足，法律制度设计的成果缺乏。比如《城市民族工作条例》是我国城市民族工作的基本法律根据，但有关该条例修订的研究缺乏。

（4）民族学科学者多，其他学科学者涉足少。研究民族问题的主要以本学科领域学者为主，其他学科学者参与较少。管理学、社会学、法学等学科与民族学科之间缺乏相互配合与合作，导致民族问题研究视角单一，思维定式僵化，基本沿用长期以来的观点和思路。民族学界更多地偏重于发现问题，缺乏解决问题的能力。

---

① 蒋连华：《当代中国城市民族关系研究》，民族出版社2011年版，第84页。

② 郑信哲、张红：《关于城市民族问题的研究综述》，《黑龙江民族丛刊》2010年第5期。

二　西宁市民族工作现状

西宁市为青海省省会，许多在州县工作，尤其是在青海农牧区工作的干部群众不少人在西宁买房居住生活，因此，西宁市城市民族工作有典型性。

根据 2010 年第六次人口普查数据，西宁市常住总人口为 2208708 人，占全省总人口的 39.25%。其中城镇人口 1406894 人，城镇化率 63.7%。西宁市少数民族人口共有 573491 人，占人口总数的 25.96%。有汉、回、藏、土、蒙古、撒拉等 35 个民族。西宁市少数民族中，回族人口最多，占 16.26%；其次是藏族，占 5.51%；土族占 2.6%；蒙古族占 0.62%；撒拉族占 0.38%；其他少数民族占 0.59%。①

由于青海省境内多数地区海拔较高，适宜人类生活的主要城市为西宁市、海东市，西宁市为青海省政治经济文化中心，全省有相当比例的干部职工及富裕起来的群众在西宁市买房居住，也吸纳了大量外来务工的农牧民就业。因此，西宁市少数民族人口比例较高，有以下特点：

一是国家公务人员或企事业单位职工多。这部分人在西宁购买房屋，平时在州、县上班，节假日到西宁居住。有的家庭中在岗职工在州、县上班，老人和小孩在西宁生活、读书。

二是在州县创业成功，具有较强经济能力的少数民族居民、企业主等。这部分群体户籍基本在州、县，并在州、县有住房，家庭成员一部分尤其是老人在州、县生活，中青年成员在西宁市创业。

三是本省少数民族人口多。本省居民大多把西宁市作为居家生活养老的首要选择。近几年除部分回族、撒拉族群众去发达地区开办牛肉面馆创业外，少数民族把西宁市作为外出创业、打工、生活的首要选择。省外少数民族到西宁市人数较少，主要是工作、学习、旅游等。

四是流动人口多。州、县少数民族农牧民外出务工人员，将西宁市作为流动外出的首选，节假日尤其春节期间，州、县工作的在职职工大多来西宁过节，农牧民外出务工人员从西宁回到州、县。

五是少数民族基本全民信教。其中藏传佛教和伊斯兰教影响尤为深

① 青海省统计局、青海省第六次人口普查办公室：《青海省 2010 年人口普查资料》，中国统计出版社 2012 年版。

远。全市宗教活动场所众多，伊斯兰教、佛教、道教、基督教、天主教五大宗教齐全，全省各宗教中有影响的重点寺院主持和代表人物基本都集中在西宁市，在全省民族宗教工作中占有十分重要的地位。

三　格尔木市民族工作现状

格尔木为蒙古语音译，意为河流密集的地方。格尔木市地处青海省西部、青藏高原腹地，辖区由柴达木盆地中南部和唐古拉山地区两块互不相连的区域组成，总面积近 12 万平方公里。市区位于柴达木盆地中南部格尔木河冲积平原上，平均海拔 2780 米，属高原大陆性气候，夏无酷暑，冬无严寒。根据《2016 年格尔木市国民经济和社会发展统计公报》，公安部门户籍人口及其变动情况报表显示，2016 年年末格尔木全市户籍总户数 50908 户，总人口 136553 人，比上年增加 1712 人。其中少数民族人口 32330 人，增长 3.5%，其中：蒙古族 3419 人，增长 1.1%；藏族 7239 人，增长 1.7%。户籍人口出生率 13.2‰，比上年高 1 个千分点。以 2010 年人口普查资料为基数，按照户籍人口较上年增长 1.3% 推算，2016 年全市常住人口为 238716 人。[①]

据统计，包括流动人口在内，格尔木市总人口大约 30 万，外来人口多于户籍人口。现有汉、蒙古、藏、回等 35 个民族成员，其中少数民族人口占总人口的 30.18%。[②] 以此推算，少数民族人口中外来人口大约 6 万，在非户籍人口中占较大比例，少数民族流动人口占比较高。藏传佛教、基督教、天主教、伊斯兰教、道教五大宗教并存。

格尔木市的民族工作有其自身的特殊性，城市流动人口比例大，流动人员情况复杂，管理难度大。由于气候、城市工业发展等因素影响，格尔木市夏秋季节人口多，春夏时期为流入期，冬春季节人口少，秋冬季节为人员流出期。因此格尔木市民族工作难度大、头绪多，需要全方位开展。

自 2008 年被青海省确定为城市民族工作试点城市以来，格尔木市紧紧围绕各民族"共同团结奋斗共同繁荣发展"主题，秉持包容，开拓创新，深入开展少数民族流动人口服务管理工作。全力维护城市少数民族流

---

① 《2016 年格尔木市国民经济和社会发展统计公报》，青海统计信息网（http：//www.qhtjj.gov.cn/tjData/cityBulletin/201708/t20170802_ 49758.html）。

② 《民族团结奏新曲——我市民族团结进步创建工作纪实》，《格尔木日报》2017 年 5 月 25 日。

动人口合法权益，城市少数民族流动人口服务管理工作亮点纷呈、硕果累累，为实现全省"三区"建设战略目标和全面建成小康社会奠定了坚实基础。

（一）组织保障体系更加健全

首先，格尔木市充分认识城市民族工作的重大意义和长远影响，积极开展调查研究，多次组织召开专题会议，为各项工作顺利开展奠定了坚实基础。其次，认真做好组织动员。格尔木市在城市民族工作试点期间，成立了领导小组，制定了《格尔木市城市民族试点工作实施方案》，将试点工作划分为宣传动员、调查摸底、解决问题、自查总结、检查验收五个阶段。组织召开全市城市民族试点会议，统一了思想、明确了目标、细化了任务、落实了责任，试点工作实现了机构、制度、目标、责任、措施"五到位"。要求各单位、各部门切实加强领导，扎实推进试点工作有序开展，各阶段都要召开专门会议研究部署总结，保持对试点工作的强大推动力。最后，做好经验学习。经试点领导小组安排，格尔木市组织统战、民宗部门牵头，组织东城、西城、教育、计生、民政等有关部门干部前往武汉、南京、沈阳等地考察学习，开阔视野、拓展思路，为有效开展试点工作提供了实践参考和理论指导。

（二）民族团结进步创建活动再上新台阶

一是启动民族团结进步先进区创建活动。2013年，青海省委十二届四次全体会议审议通过《青海省创建民族团结进步先进区实施纲要》（以下简称《纲要》），提出"三年强基础，八年创先进"，用8年的时间，争取在中国共产党成立100周年、全面建成小康社会之时，把青海省建设成为全国民族团结进步先进区。二是广泛开展民族团结进步宣传活动。格尔木市以城市民族工作为重点，积极开展党的民族宗教政策进宗教活动场所、进社区、进校园、进家庭的"四进"活动；开展了以"两个共同""三个离不开""四个维护"为主要内容的民族团结联谊活动。三是以民生改善作为民族团结进步创建活动的抓手，通过各种渠道，积极争取项目，解决群众的民生需求。

（三）分层次开展基础性干部培训

近年来，格尔木市多次举办城市民族工作专题讲座，举办科级以上干部学习培训班，邀请上级领导和专家学者对全市科级以上干部进行专题培训；领导小组各成员单位根据职责分工，对基层干部进行了针对性的培训；各单位、各部门充分利用报刊、电视、网络等现代传媒和办板报、出专栏等形式，积极开展党的民族宗教政策以及"五个认同"（增强对伟大祖国的认同、对中华民族的认同、对中华文化的认同、对中国共产党的认同、对中国特色社会主义的认同）、"三个离不开"（汉族离不开少数民族，少数民族离不开汉族，各少数民族之间也互相离不开）等宣传教育活动。各级干部尤其是领导干部的政治意识、大局意识、责任意识进一步增强，贯彻落实民族政策、依法管理民族事务、妥善处理民族问题的能力进一步提高。

（四）全方位开展群众性宣传教育

建立城市少数民族人员定期学习培训制度，利用宗教活动场所、各种宗教节日开展学习宣传教育活动。格尔木市通过各种途径培训少数民族群众，在提高文化素质技能水平的同时提高群众的国家观念、大局观念。宣传教育活动使广大群众较好地掌握了党的方针政策、国家法律法规和地方规章制度，"五个认同""三个离不开"的观念牢固树立，各民族间的理解和尊重不断增强。①

（五）抓重点开展引导性联系活动

结合深化寺院法治宣传教育工作，积极开展宗教界人士培训。格尔木市举行多期培训班，有针对性地对伊斯兰教界、藏传佛教界宗教人士和群众代表进行了法治培训。为全市寺院配置了电视和 DVD 播放机，发放光盘、宣传材料，积极组织寺管会成员、宗教教职人员及少数民族群众大力开展"民族团结林"共建活动。长期开展蒙古族新年、藏历新年、穆斯林开斋节等少数民族传统节日的庆祝与慰问活动，为少数民族贫困户发放慰问金。

第二节　当前城市民族工作的内容、重点和方式

一　当前城市民族工作内容

（一）加强组织领导是城市民族工作的关键

西宁市把民族团结进步工作纳入全市年度目标责任考核范围，同党

---

① 罗建军：《百族骈阗结同心共建和谐格尔木》，《青海日报》2010 年 11 月 3 日。

建、经济工作、社会事业同部署、同落实、同检查。各级党委制定和落实中心组学习制度、议事制度，研究影响民族团结和社会稳定方面的突出问题，协调解决创建工作中出现的新情况、新问题。坚持实行领导干部联点工作责任制，各级领导干部深入基层单位指导督察创建工作。坚持实行联席会议制度，协调解决工作中存在的问题，稳步推进民族团结进步创建工作。

（二）积极开展民族政策的宣传教育

把民族政策知识宣传教育列入各级党委中心学习组学习内容，新闻媒体及时宣传报道民族政策和民族团结进步工作中的先进典型；通过悬挂横幅，出黑板报，邀请有关专家、学者进行专题辅导讲座等方式，在广大干部群众中广泛宣传民族政策。各区县发挥社区、村委会作用，利用党校、党员活动室、文化活动站等阵地，组织干部、村民、企业职工、学生、流动人口、离退休人员等开展民族团结进步宣传教育。

（三）加快少数民族和民族地区经济社会发展

一是加强民族地区基础设施建设。西宁市在基础设施、生态环境建设、整村推进等项目上向少数民族聚居区倾斜。争取农村公路建设项目，项目涉及三县20多个乡镇。二是改善少数民族群众的生产生活水平。近几年，借力精准扶贫优惠政策，使广大农村少数民族群众受益。着力提高城乡最低生活保障水平，救助基层群众。着力抓好清真食品、少数民族服饰及民族旅游产品生产出口、重点产业建设、劳务输出等工作。积极开展城乡党支部手拉手活动，户帮户、一帮一结对帮扶活动。三是重视少数民族教育，提高民族素质。高中招生时对少数民族学生适当照顾；省市财政给予民族地区特殊补贴。支持民族地区村卫生室建设和改造，积极开展卫生、科技、文化三下乡活动。注重挖掘和弘扬民族文化，发展民族旅游业，使一批具有民族特色和文化底蕴的旅游景点如湟中塔尔寺、西宁东关清真大寺、西宁北禅寺等得到了宣传和推介。

（四）及时化解民族宗教领域出现的矛盾和纠纷

认真执行《城市民族工作条例》，尊重民族习惯，加大对清真食品生产经营监管力度，各区县对清真饮食行业进行了全面清查，杜绝清真食品不清真现象。建立矛盾排查调处联席会议制度，进一步完善信息网络，完善市、区（县）、乡（镇办）、村（居）委会四级信息网络建设。结合实际，制定和完善调处工作预案，力求及时化解矛盾。积极开展共建共创活动,在有矛盾和隐患的地区结对子共建,有效化解矛盾纠纷。

二 当前城市民族工作重点

(一) 着力改善民生

格尔木市立足矿产资源富集的特点,以产业发展带动少数民族聚居区的发展;立足外来少数民族流动人口较多的实际,把居留时间较长、流动性较小的对象确定为服务重点,帮助其解决务工、子女求学等实际困难,并对自主创业和从事特色经营的少数民族群众给予政策扶持。引导三江源生态移民大力发展第三产业,帮助长江源移民村发展玛尼石雕刻和藏毯编织等后续产业。着眼于城市郊区农村牧区公共基础设施改善,推动"三农"服务向民族乡镇、民族村社(牧委会)推进。支持临近市区的郭勒木德镇大力发展特色民族休闲旅游产业,打造金鱼湖民族风情园,集餐饮娱乐、休闲度假、民俗展示等为一体的民族风情旅游景点初具规模。国土资源、建设、民政、民宗部门多次组织藏传佛教界人士和群众代表、伊斯兰教界人士和群众代表为三江源移民群众天葬台、穆斯林公墓勘探选址,经多方努力,目前已顺利完成建设并投入使用。

(二) 建立管理服务并重模式

切实贯彻落实少数民族优惠政策。及时编印发放少数民族便民服务手册和突发事件应急处置流程,为少数民族群众提供全方位的服务。工商、税务等部门帮助汉语言水平较低的人员填写相关材料。在举办个体私营经济培训班时,着重考虑少数民族经营者,从政策、法规、经营策略等多方面给予重点指导。人事劳动、经贸等部门深入企业了解少数民族职工的就业状况、权益保障等情况,督促各用工单位严格按照《劳动合同法》《就业促进法》的要求平等对待少数民族群众。民族宗教事务局每季度会同经贸、文体广电、工商等部门对全市清真食品、文化音像市场进行检查和清理整顿,最大限度地满足少数民族群众的生活需求。

(三) 加强宗教事务管理与服务

加强藏传佛教活佛转世管理工作,妥善处理自行认定活佛问题,抵御境外敌对势力利用宗教进行的分裂渗透活动。组织穆斯林按计划顺利完成朝觐的任务。民族团结进步、"平安寺院"等工作互融其中,共创共建、联创联建;突出"团结稳定是福,分裂动乱是祸"的主题,巩固"三项教育"活动成果,推动宗教人员教育制度化、常态化和规范化。认真贯彻国家宗教局等五部委下发的《关于妥善解决宗教教职人员社会保障问题的意见》精神，争取资金积极解决宗教教职人员的医疗、社保等民生问题。

（四）加强执法维护社会和谐稳定

针对拉萨"3·14"事件和新疆"7·5"事件，格尔木市委、市政府就抓好不稳定因素排查、矛盾纠纷化解和维护稳定工作作出部署，认真落实防波及、防渗透、防破坏措施，全力确保社会政治大局总体稳定。积极组织交通、工商、教育、旅游、公安、经贸、卫生、城管等行政执法部门深入宾馆、商场、网吧、旅游景点、出租汽车公司等公共服务场所进行检查，要求认真贯彻执行党的民族团结政策，教育广大从业人员要自觉维护民族团结，不做不利于民族团结的事、不说不利于民族团结的话，全市未发生与少数民族群众宗教信仰、生活习俗相抵触的事件。

（五）加强少数民族干部培养

高度重视少数民族干部的培养选拔工作，切实把培养造就一支具有坚定的马克思主义民族观、忠诚于党的事业、坚决维护中华民族整体利益的民族干部队伍作为战略任务来抓。选拔任用优秀少数民族干部工作制度化、常态化，选拔优秀少数民族大学生担任村党支部成员和村委会成员。这支少数民族干部队伍在贯彻《民族区域自治法》、维护民族团结稳定、促进经济社会发展等方面，发挥了不可替代的作用。

三　当前城市民族工作方式

（一）推进标准化社会化管理

查摆问题、完善机制。重点解决以下问题：一是解决认识问题，通过建立学习宣传教育长效机制，广泛深入持久地开展宣传教育活动，提高全市干部群众，特别是各级领导干部对民族工作重要性的认识。二是摆正政府管理与社会服务之间的关系。根据辖区少数民族群众生活面临的具体问题，在教育、医疗、文化、风俗习惯等方面，帮助少数民族群众解决民生所遇到的实际困难。三是根据少数民族流动人口比例较大的实际，制定了统筹管理、综合服务的相关制度，使民族工作进社区、下基层。

（二）建立健全城市民族工作长效机制

（1）建立健全组织领导机制。切实加强和改进对城镇民族工作的领导，把民族工作纳入城镇社会建设总体规划，定期研究带有普遍性、规律性的重大问题。进一步加强对城镇民族工作的督察，建立和完善考核激励机制，确保各项工作措施落实到位。各有关部门明确职责，分工协作、齐抓共管，努力形成信息共享、秩序共管、教育共抓、服务共担、执法共联的社会化工作格局，推进城镇民族工作不断进步。

（2）建立健全社区管理机制。把民族工作列入街道、社区工作的主要内容，把民族团结教育作为街道、社区精神文明建设的重要方面，列入基层领导班子和领导干部年度目标考核。建立由民宗部门牵头，城管、工商、税务、公安、民政、扶贫、司法等部门参加的联席会议制度，及时解决城镇民族工作中的有关问题。切实重视少数民族群众来信来访，及时受理，妥善解决和答复。

（3）高度重视城镇少数民族流动人口的管理和服务工作。加强与输出地政府的联系，采取邀请考察、联谊座谈、信息交流等形式，全面掌握流动人口情况，制定管理和服务措施，帮助解决少数民族群众的实际困难，使之自觉服从当地政府的管理，更好地融入城镇生活。

（4）建立健全法律援助与利益协调机制。司法部门加强法律宣传，面向各族群众开展形式多样的法制宣传教育，积极开展少数民族法律服务和咨询活动。

（5）建立健全奖罚激励机制。对创建工作成绩突出的给予奖励，激励他们更好地投身到创建活动当中。对工作不到位、不作为而造成群体性事件的，要追究相关领导责任和工作责任。

第三节　当前城市民族工作的问题及经验

一　当前城市民族工作存在的问题

（一）少数民族人口比重大，工作任务重

西宁市是省会城市，是全省政治、经济、文化中心，周边地区少数民族群众大量进入西宁市生产生活，服务管理工作亟待加强。少数民族中有许多信教群众，民族成分复杂带来民族关系的复杂，民族工作复杂任务繁重。格尔木市总人口中少数民族人口约 10 万人，少数民族人口占30.18%。民族聚居区（如三角和河坝地区）的社会治理问题较多，流动人口多、流动频率高，治安形势严峻；相当一部分流动人口经济收入低，处于社会保障体系之外，对城市基础设施建设、公共管理服务等带来巨大压力。

（二）经济社会发展滞后、不平衡

由于历史、区位等原因，民族地区基础设施薄弱、经济发展缓慢、社会发育程度低、民族教育落后、贫困问题突出等诸多问题依然存在，与发达地区和周边省份的省会城市相比，与日益增长的群众物质文化需求相比，人民群众生活水平、生活质量存在一定差距。

（三）民族问题与宗教问题相交织，管理难度大

西宁市、格尔木市大多数少数民族全民信教或几个民族信仰同一个宗教，涉及民族的矛盾纠纷往往与宗教信仰交织，处理不好，容易引发群体事件。

（四）优秀少数民族人才匮乏

西宁市少数民族人才占全市人才总数比例不高，绝大多数少数民族人才集中在党政机关和事业单位。虽然广大少数民族人才在加快西宁市经济社会发展进程中发挥了不少作用，但目前无论在数量上，还是在结构上，特别是在素质上，与形势的要求仍有很大差距。

（五）民族工作机制不适应新形势新要求

民族工作部门本身没有独立运作民族工作的条件，其工作必须依靠各部门共同推动。全市基层民族宗教工作部门力量薄弱，办公条件差，编制少，工作手段、条件与承担的任务不相称。民族工作社会管理机制尚未形成，政务服务水平有待进一步提高，长效工作机制有待进一步完善。

二　加强城市民族工作的经验

（一）必须走党委决策、政府实施、各部门各司其职的路子

坚持党的领导，是做好民族工作的根本保证。要正确认识和处理新形势下民族工作面临的新情况和新问题，全面贯彻执行党的基本路线和方针政策；要按照"决策在市一级，推进在工行委，延伸到街道（乡镇），落实到社区（村社）"的要求，着力健全完善市、区、街道（乡镇）、社区（村社）四级民族工作网络，把民族工作融入社区工作，从而形成市委市政府领导、部门主动、社会联动、各方互动、齐抓共管的民族工作新机制，进一步促进民族工作的规范化、制度化、社会化。①

---

① 蒋连华：《当代中国城市民族关系研究》，民族出版社 2011 年版，第 200 页。

（二）必须以经济建设为中心，加快区域经济社会发展

发展是解决我国现阶段民族问题、实现民族平等团结的根本途径。纵观西宁市、格尔木的发展历程，关键是区域经济社会发展有了长足进步，综合实力显著增强，各族群众的生活水平不断提高。如果经济繁荣、社会稳定，就会大大增强民族凝聚力和向心力，在坚不可摧的民族大团结格局中，一切民族分裂行为注定失败。

（三）必须抓民生服务，畅通诉求渠道、构建公共服务体系

做好城市民族工作，尤其是少数民族流动人员的工作，抓好服务是关键。有了服务才能有交流，有了交流才能有理解，有了理解才能有尊重，有了尊重才能有感情。这就要求必须积极构建务工、经商、入学、就医、就业培训、法律援助等全方位的公共服务体系，进一步健全为民办实事工作长效机制，做到"民有所呼、我有所应"。公安、卫生、工商、教育、计生、劳动保障、城市管理等部门要协同配合，对少数民族流动人口在户籍、就业、就学、医疗保健、计划生育等方面提供服务，让他们充分共享改革发展成果，从而自觉地做到遵纪守法，逐渐减少管理与被管理之间的摩擦和纠纷。[1]

（四）必须立足市情，认真分析和正确处理民族问题

外地来格尔木市打工、就业、经商、办企业的少数民族群众日益增多，格尔木市已经成为青海西部一个多民族聚居、多宗教并存的城市，民族散居、杂居化趋势明显，城市民族格局趋于多元化。只有立足这一实际，充分认识城市民族工作的长期性、复杂性和重要性，不断加快城市化进程，不断扩大改革发展共享成果，才能更好地实现各民族共同繁荣进步。

（五）必须坚持以人为本，加强优秀少数民族干部培养

大力培养选拔少数民族干部和各类人才，是做好民族工作的重要条件。要把选拔少数民族干部和各类人才工作摆在突出位置，采取更加有力的措施，努力建设一支政治上跟党走、群众中有威望、工作上有实绩的高素质少数民族干部和人才队伍。

（六）必须广泛深入持久开展民族团结进步宣传教育

城市中民族差异和多元文化相互摩擦、碰撞，不同民族成员之间不可

---

[1]　蒋连华：《当代中国城市民族关系研究》，民族出版社 2011 年版，第 193 页。

避免地产生一些矛盾纠纷、个体冲突。经济社会发展中一些社会问题，如就业、教育、资源开发、环境保护、贫富分化等问题也集中在城市，并与城市民族关系相互交织，民族地区的城市，这种交织更为明显，引发矛盾纠纷的概率更大。因此，必须深入持久地开展民族团结进步宣传教育，使"五个认同""三个离不开"思想深入人心，努力增强城市内各族群众维护民族团结的自觉性和坚定性。[①]

（七）必须在尊重少数民族风俗习惯的同时引导新风尚

少数民族群众在生存发展中形成了具有民族特色的生产方式和生活习惯，既要注重教育引导各民族充分尊重其他民族的风俗习惯和生活方式，又要积极倡导先进生活理念和城市生活方式，以公民意识和遵纪守法教育为核心内容，加强对外来少数民族群众的教育引导工作，摒除不良生活习惯和陈旧思维方式，适应城市生产生活，促使少数民族成为城市发展的生力军。

第四节　《城市民族工作条例》修订建议

一　修订的重点、难点和焦点

提出《城市民族工作条例》（以下简称《条例》）修订建议确实存在较大难度，课题研究过程中，除文献查阅、整理、吸收外，还通过个别访谈、实地调研等方法吸纳不同群体的观点。专门就《条例》存在的问题及修订召开了两次规模较大的座谈会。现将其中一次座谈会简述如下。

时间：2011 年 12 月 23 日。

地点：中共青海省委党校多功能三教室。

对象：青海省果洛藏族自治州县处级领导班 49 名学员，其中男性 40 名，女性 9 名；藏族 29 名，汉族及其他民族 20 名。学员涉及果洛州 24 个部门主要领导及下属甘德、玛沁、班玛、玛多、达日、久治六县 25 名主要领导。

调研的对象为在青海境内藏族聚集区工作的县处级领导干部。对象基本在西宁市区购买了房屋，或者即将在西宁市购买房屋，对西宁市乃至青

---

① 蒋连华：《当代中国城市民族关系研究》，民族出版社 2011 年版，第 90 页。

海省的基本情况很熟悉。他们普遍对城市民族工作有主观感受。对他们而言，西宁市既是省会城市，经常来西宁市出差、开会、学习，但由于在果洛州工作，所以又属于西宁市的外来少数民族，类似于城市流动人口。在西宁市有住房，其休假、孩子上学主要在西宁市，很多人过几年可能就调入西宁市工作，退休以后基本在西宁市生活养老。相对于其他居住在城市内的少数民族，他们可以站在局外看问题。相比普通群众，这些领导干部见多识广，具有概括和归纳能力，以及自身利益诉求的表达能力。由于调研是以研讨教学方式进行，要求学员做充分准备并逐个发言，学员们相互比较了解，都愿意展示自己的能力。因此发言讨论很积极，充分表达了意见和建议。为保障发言的顺序，研讨会推选出一名学员为主持人，一名学员为秘书长记录，同时为使调研客观、全面、真实，整个研讨会做了录音，便于会后整理分析。通过整理，共提出修改意见共计30条。

民族问题是一个长期性、复杂性、群众性的问题，涉及国家主权、政治稳定、边疆巩固、经济发展等方方面面，是政治与社会、民族与宗教、历史与现实、物质与精神等多重对立而又统一的矛盾共同体。民族问题十分重要，又相当复杂，只有深刻把握民族问题发展的客观规律和时代特征，善于从历史的反思、现实的探索中科学看待民族问题，才能看得更深刻、更全面、更长远。应进一步增强历史责任感和现实紧迫感，全面贯彻落实有关民族政策法规，不断总结城市民族试点工作经验，真正实现民族团结稳定、社会和谐进步、经济跨越发展。[①]

（一）核心是推动民族地区经济发展

民族地区经济的发展直接关系到少数民族群众的生活状况与民族感情。把民族地区经济的发展纳入全市经济发展的大视野之中重新审视、科学定位，积极帮助民族乡村和民族企业变观念、定思路、优环境，使民族地区经济在全市经济环境中定准位子、走好路子、树好牌子，力争培育一批规模较大、牌子较硬、效益较好的民族企业集团。

（二）基本是加快文教事业发展

民族文化教育工作是城市民族工作的重要组成部分。以办好民族学校和办好民族聚居区的学校为重点，全方位、多层次地推动民族教育工作，

---

① 宋才发：《中国民族自治地方经济社会发展自主权研究》，人民出版社2009年版，第7页。

打造从幼儿园到高中、从普通教育到职业教育的完备的民族教育体系，逐步增加对民族教育的财政投入，不断改善民族学校的办学条件，通过发展教育从根本上改善民族发展问题。

（三）敏感点是做好流动人口疏导

少数民族流动人口管理因宗教信仰、风俗习惯的异同而对民族关系产生重大影响。坚持按照流动频率实施分类管理，不断改进社区台账登记制度，有效发挥"民族之家"和少数民族联谊组织的作用，集中有限工作力量，突出重点人群，加强服务引导，针对普遍问题采取措施，增进民族感情共同发展。

（四）重点是完善民族工作管理机制

城市民族工作是一项政治的、全局的系统工程。不断完善主要领导挂帅、民族工作部门负总责、有关部门密切配合的统一领导、分口把关的领导责任制。同时，加快民族工作基层队伍建设，扩大民族工作力量覆盖范围，健全网络、理顺职能、优化结构，真正形成整体联动、各负其责、齐抓共管的民族工作格局。

（五）方向是依法管理民族事务

依法管理民族事务是民族工作的重要任务。坚决贯彻落实各项民族工作法律法规，不断规范民族工作行政执法队伍执法行为，提高执法成效；加大普法宣传工作力度，引导少数民族群众学法、懂法、自觉运用法律手段维护合法权益；科学制定出台民族工作规范性文件和普惠性政策，加快推进民族工作法治化进程。[①]

二　《城市民族工作条例》修订的理论问题

研究者认为，城市民族工作与城市民族工作立法之间应该有一定的差距。当前一些地方开展的城市民族工作并非完全应该纳入立法中。城市民族工作可以赋予城市政府相应的自由权，以便及时有效地解决本地区的实际问题。而立法不仅要关注当下，更要考虑未来，不仅要考虑地方的特殊性和针对性，更应该统筹全国所有城市可能面临的问题。不是所有的即使在一些地方有成效的做法都可以纳入立法中。课题研究者经过审慎分析判断，最终对《条例》提出如下修订意见或建议。

---

① 蒋连华：《当代中国城市民族关系研究》，民族出版社 2011 年版，第 189 页。

（一）城市民族工作立法粗细问题

《条例》是一部重要法规，关系到城市民族工作全局。该条例与《民族区域自治法》一同构成了我国民族法律制度的基础。修订涉及一个重要问题，这就是《条例》的粗细问题。一般来说，立法应该以精细为佳，使执法者具有较强的可操作性。但城市民族工作确实有其特殊性，涉及方方面面，很难规定具体执行程序。城市民族工作因城市不同有差异，部门设定和程序运作应根据实际需要做相应变化。因此立法如果过于精细，程序过于具体，反而不利于城市民族工作的展开。因此尽管有学者包括实际工作部门认为《条例》修订要全面、具体，课题组在申报论证中也持这种观点，但经过研究和思考，研究者认为，《条例》修订应该遵循宜粗不宜细原则，这就是说，城市民族工作立法应把握住基本原则，对涉及城市民族工作的基本内容进行原则性规范，便于地方政府较为灵活机动地处理城市民族问题。

（二）优惠政策与平等法治原则的关系

当前有一种观点是少数民族享受特殊优惠政策造成民族间的实质上不平等，在经济、计划生育、教育招生、领导干部的任用等方面表现比较突出。这种政策在新中国成立后促进少数民族经济、文化、社会等全方面发展进程中起到了积极作用，但同时此类政策确实从实质上产生了一定的负面影响。如果说这种优惠政策在民族区域自治中有一定合理性的话，在城市民族工作中确实需要审慎研究其合理性和可能性。城市打破了民族聚居，各民族成员在城市交流、生活，应当体现民族平等、公民平等的基本法治原则。少数民族优惠政策应当更多地体现在国家对特定区域如贫困地区的财政转移或民生改善上。当前一些地方为了民族工作而民族工作的做法并不应当成为城市民族工作立法的选择。如民生领域中的劳动就业、医疗保障、养老保障，对在同一区域内的各民族应同等待遇，不应由于民族不同而有特殊性。尽管实际上的做法很少出现差别待遇，但在民族工作宣传、汇报等具体操作过程中，专门突出对少数民族的扶持，不利于各民族的团结和平等。

（三）城市民族工作立法应促进国家认同与各民族交往交流交融

各民族的国家认同、中华民族认同是民族工作的基础，也是城市民族工作肩负的重要使命。随着城市化进程的加快，各民族之间的交往交流交融日益密切。城市是民族融合的熔炉，城市中各民族杂居、散居，与民族聚集区有很大差别。由于历史原因，一些地方为了体现对少数民族的优惠和扶持，专门设立了民族中小学，在当时的历史条件下起到了提高民族教育水平的作用。但社会发展到现在，这些民族中小学实质上已经难以发挥其当初设立的预期效果。很多学校尽管在硬件上和其他学校没有差别甚至更好，但教学质量往往比较差。附近其他民族学生不愿意就读，即使该民族学校本民族学生，也往往想方设法转到其他学校就读。[①] 因此，城市民族工作立法要有利于各民族的国家认同，有利于民族交往交流交融，有利于各民族共同繁荣进步。

（四）立法要给地方留有足够空间

城市民族工作立法中还涉及一个重要问题，这就是不同城市中少数民族比率不同，中东部地区城市中少数民族比率很低，西部地区城市中少数民族比率较高。近年来，随着经济发展与人员流动频繁，不同区域城市中少数民族比例有了一定变化，但这是个历史过程，短期内不会有大变化。城市民族工作和民族区域自治有很大差别。很难用一部法规详尽地规定城市民族工作的全部内容，比如相应机构的设立，有些城市很需要，有些城市未必需要。因此现在有很多人认为《条例》的缺陷是比较空泛，缺乏细致的规定，这实际上可能和立法者当初就充分认识到城市民族工作的特点有关。城市民族工作立法应当对各城市赋予充分的自由权，城市人大和城市政府根据本城市的实际需要制定具体的规定。国家层面上的立法更多地应该考虑制定在全国有普适意义的条款。

（五）城市民族工作的外延界定

城市民族立法中还需要讨论城市民族工作外延问题，是扩大外延还是缩小外延，这不仅涉及整部法规的体例、内容，还涉及这部法规与我国整个法律体系的关系。当前一些地方发生的刑事案件或治安案件，一方当事人为少数民族，但与民族问题无关，有些地方在处置过程中往往提高到民族问题、民族关系的高度来解决，实际上不利于民族团结和民族工作的法治化。民族问题的外延在国家进步和法制健全的框架下应当越来越小，凡是通过正常法制渠道能够解决的矛盾、案件、纠纷，都应纳入常规解决渠道，不应该将此上升到民族问题上来。民族工作立法不是特别法范畴，因为按照基本法理，当特别法与普通法有冲突时，特别法优先适用。城市民

---

① 马戎：《汉语学习与中国少数族群的现代化》，《社会政策研究》2017 年第 1 期。

族工作立法只能起到补缺捡漏的功能，也就是说一般法律没有规定，或者不便于规定的问题，如果在城市民族工作中需要规定，就靠城市民族工作法规来解决。

三　《城市民族工作条例》修订的具体问题

（一）《条例》的法律位阶和属性

《条例》是由国务院批准国家民委颁布，其法律位阶究竟是属于国务院的行政法规还是国家民委的部委规章？只有确定了《条例》的法律位阶，才可能确定其法律效力。由于《条例》颁布时我国《立法法》尚未制定颁布，因此该条例虽经过国务院批准，但颁布主体为国家民委。从法律位阶上考虑，修订《条例》有两种选择，一是就现行条例予以修订，继续以国家民委为主体颁布部委规章，这样修订后的条例在法律位阶上仍然属于部委规章；二是在修订《条例》的基础上，提升其法律位阶，也就是说将《条例》上升为国务院颁布的行政法规。从当前我国法治发展趋势来看，选择第二种方式，既有利于保证立法的权威性，也有利于立法的执行效果，因此修订后的《条例》应当属于行政法规，由国务院作为主体颁布。至于有些学者建议，我国应制定《散居少数民族权益保障法》，或者由全国人大常委会就城市民族工作问题制定法律，在我国当下既没有必要，也不符合实际。

（二）《条例》的立法目的和原则

现行《条例》第一条规定："为了加强城市民族工作，保障城市少数民族的合法权益，促进适应城市少数民族需要的经济、文化事业的发展，制定本条例。"这是关于立法目的的规定。修订应当在保留该规定的基础上，增加保障城市各民族和谐共处，服务与管理并重的内容。同时《条例》第二条中规定的适用范围，也就是城市概念的确定，然后在第三条规定了立法原则。这在逻辑上有问题。建议将第三条立法原则的规定，提前到第二条。在规定立法目的之后，第二条中规定立法原则。现行《条例》第三条规定："城市民族工作坚持民族平等、团结、互助和促进各民族共同繁荣的原则。"建议增加"两个共同"内容。

（三）《条例》的适用范围

《条例》第二条规定："本条例所称的城市，是指国家按照行政建制设立的直辖市、市。"这是关于适用范围的规定。而其他法律中所谓城市一般包括市和建制镇，这样对于城市的规定，《条例》与我国整个法律体系不一致。随着经济发展，很多建制镇有相当规模，已经完全具备城市功能，常住人口有了大幅度提高。而且城镇化是我国继续发展的方向，具有城市功能的建制镇也会越来越多。因此现行《条例》关于城市的界定既不符合相关法律中城市的界定，也不符合城市民族工作立法的本意，因此，有必要在修订过程中，将建制镇纳入城市的范畴，具体可在原条款中增加。关于适用范围，可在总则中明确，也可以在附则中界定。

（四）《条例》的立法技术和结构布局

现行《条例》共 30 条，不分章节，立法体系不严谨。要修订《条例》，首先面临的问题是确定《条例》的结构。城市民族工作涉及内容比较广泛，如果《条例》按现在体系和条文，做一些局部调整，难以达到修订的目的；如果规定过于细致，则难以适应我国城市民族工作情况差异大、各地情况复杂的现状。建议《条例》修订分章节，各章应有具体章名，以保证体系的严谨性，也符合立法的一般模式。建议《条例》分五章：第一章为"总则"，主要应规定立法目的、立法原则、主管部门、基本制度等内容；第二章为"城市少数民族权益"，主要规定在其他法律、法规中一时难以规定的城市少数民族的特殊权益；第三章为"保障措施"，主要规定为了保障城市少数民族能够享受权益，政府有关部门应该采取的措施、制度和方法等；第四章为"法律责任"，主要应规定政府有关部门、政府工作人员、有关公民不履行法定义务应当承担的法律责任；第五章为"附则"，主要应规定《条例》的实施、参照实施、相关概念界定、实施时间等问题。如此设置，主要以权益保障与提供服务为主线。至于对城市少数民族的管理，由于公民在法律面前的平等性决定了其他法律中规定的管理措施应该同等适用，无须专门规定。

（五）"当地少数民族"的规定

《条例》第五条、第九条均规定："城市人民政府应当将适应当地少数民族需要的经济、文化事业列入国民经济和社会发展计划""城市人民政府对于发展适应当地少数民族需要的经济、文化事业的资金，可以根据财力给予推广""城市人民政府应当采取适当措施，提高少数民族教师队伍的素质，办好各级各类民族学校，在经费、教师配备方面对民族学校给予适当照顾，并根据当地少数民族特点发展开展各种职业教育和成人教育。"《条例》受民族区域自治制度的影响是显而易见的，更多的或者主要把保障的对象指向当地少数民族，这不仅对其他少数民族是不公平的，也对外来少数民族的保障有影响，而且与现行的城镇化发展趋势不符合。城市少数民族处于杂居的状态，其法律制度应当与民族区域自治制度有区别。《条例》应当是针对所有在城市的少数民族，不应当局限于当地少数民族。现行规定与当前流动人口数量大的现状不符，也会对西部地区少数民族人口流动到中东部产生不利的影响。因此，建议修改这种只针对当地少数民族进行保护或保障的规定，城市对少数民族的权益保障对所有的少数民族都应该是平等的。

（六）《条例》的时代性

现行《条例》中许多规定与市场经济体制有差距，如第十条规定："信贷部门对以少数民族为主要服务对象的从事食品生产、加工、经营和饮食服务的国有企业和集体企业，在贷款额度、还款期限、自有资金比例方面给予优惠。"第十一条规定："城市人民政府对本条例第十条所列企业以及生产经营少数民族用品企业的贷款，可以根据当地的实际需要和条件，予以贴息。"第十二条规定："本条例第十条所列企业纳税确有困难的，税务机关依照有关税收法律、法规的规定，给予减税或者免税。"第十三条规定："城市人民政府应当根据实际需要，合理设置清真饭店和清真食品生产加工、供应网点，并在投资、贷款、税收等方面给予扶持。"这些规定已经不符合当前我国社会经济发展的实际需要，也不完全符合当前的相应政策，已经失去了存在价值。修订过程中必须考虑到有关经济政策的时代性。

（七）权益保障的重点

城市民族工作的基本功能就是保障各民族的平等，保障宪法和法律规定的公民基本权利的有关内容落实。城市中生活的少数民族由于其生活需要等方面的原因，政府提供的公共服务无法满足少数民族的特殊需要，才有必要通过政府对少数民族的服务，保障宪法和法律规定的公民基本权益得以落实，因此城市民族工作的重点应该是城市少数民族的权益保障，其权益保障内容应当按照社会发展而变化。当前城市民族工作应当以改善民生，尤其是社会保障、教育培训和医疗救助作为重点。保障少数民族在民生领域中能够享受到同等权益，满足少数民族基于其民族习惯等而产生的特殊需求。

（八）平等原则的把握

现行《条例》中个别条款的规定与民族平等要求存在差距。实际上城市发展中产生的很多问题是普遍性问题，并不具有民族特殊性。现有法律规定也不会基于民族身份的区别而有所差异，因此在《条例》中无须做专门规定。如第十六条规定："城市人民政府有关部门对进入本市兴办企业和从事其他合法经营活动的外地少数民族，应当根据情况提供便利条件，予以支持。城市人民政府应当加强对少数民族流动人员的教育管理，保护其合法权益。少数民族流动人员应当自觉遵守国家的法律、法规，服从当地人民政府有关部门的管理。"本规定从表面上看似乎是对少数民族流动人员，包括流动人口的特殊保护，但深究法律条文的含义，又会产生一些歧义。好像对来经营企业的外地少数民族持欢迎态度，所以要予以支持，而对少数民族流动人员则首先要加强管理，而且规定少数民族流动人员要服从当地政府管理。这种规定在法律层面上是有问题的，有违背公民在法律面前人人平等原则之嫌。本地少数民族和外地少数民族不同对待，前来办企业的少数民族人员和少数民族流动人口也不同对待。尽管实际管理中不是这样差别对待的，但《条例》中这种规定不但难以达到预期的效果，反而有反作用。难道城市少数民族流动人口应当自觉遵守国家法律、法规，服从当地人民政府管理，其他人员比如当地少数民族非流动人员、汉族流动人员不需要遵守法律、法规，并服从当地有关部门管理吗？类似这种规定与其为了城市民族工作立法勉强规定，反而不如不去规定。流动人口问题不是民族问题，这是个社会问题，不存在民族的特殊性。

（九）要突出服务功能

城市民族工作没有过多的特殊性，并不像一些学者和实际部门所认为的那么复杂。很多地方的创新，从现象上来看，包括组织建立、机制健全等都是从管理入手的，但实质上当我们对这些创新制度进行分析和研究时，就会发现其中很多措施和手段与城市民族的特殊性没有必然联系，更多的往往是将这些管理手段添加了民族标签而已。所以城市民族工作的重点是政府满足城市少数民族的特殊需要，必须以这种一般公共服务不能正常满足的需要为出发点，必须把提供服务作为城市民族工作立法的主线。① 凡是与这条主线无关的内容就不需要在这部法规中体现，因为其他法律、法规有普遍规定。管理要以服务为目的，这是《条例》修订的关键。

---

① 蒋连华：《当代中国城市民族关系研究》，民族出版社 2011 年版，第 193 页。

（十）立法依据

立法依据是《条例》法律效力的来源。当前我国城市民族工作立法只有《条例》本身，全国人大或常委会对此没有相应的法律规定。我国民族立法主要是以《民族区域自治法》为核心形成的民族区域自治制度，而城市民族工作显然不属于民族区域自治制度调整的范围。追根溯源，《条例》的立法依据应该是《宪法》，但目前我国很多行政法规部门规章并没有在条款中写入立法依据。鉴于《条例》出台多年，当初也没有关于立法依据的规定，因此修订过程中也不用专门加入立法依据的条款。

第六章

西部区域协调合作的法律问题

西部区域协调合作发展是推进西部大发展的重要领域，但长期以来西部区域合作发展存在许多问题，亟待通过制度创新解决。本章通过研究青海省海东市民和县和甘肃省兰州市红古区之间的协调合作问题，剖析西部区域合作发展的法治难题。①

第一节　西部大开发背景下的区域合作

一　区域概念及区域发展理论

区域概念，具有多层含义，在不同的学科区域概念具有不同的含义。经济上的区域，是指以经济发展水平或相互关联度来确定区域，一般诸如发达地区、发展中地区、落后地区，往往是经济上的区域。地理上的区域，则指在地理位置上处在一定区域的地区，如北方、南方等。行政辖区里的区域，如各省、自治区、直辖市，也是某一特定的区域，其他如民族、宗教、文化等意义上也有特定区域。总之，区域是个具有多层含义的概念。实际上，当我们强调西部大开发、中部崛起、东北振兴、东部率先等国家区域发展战略时，是从全国的角度，以经济为基础将若干行政区纳入某一区域而言的。

回顾改革开放 30 余年的发展历程，不难发现，区域发展模式是我国社会经济发展的重要方式。改革开放初期，通过设立经济特区来迅速提升特定区域经济开放水平。所谓改革试验，实质的意义就是在特定区域内实行特殊性政策，待政策实践取得成功后，在一定的地区乃至全国推广。这

---

① 本章所用资料及引用数据资料为作者调研获得，时间节点为 2013 年 12 月。近两年有关数据有所变化，本研究保留研究原貌。

就是说，中国的改革是在区域试验背景下的改革，这种改革具有适应性强、灵活便利、改革成本相对较低等特点。因此最终形成了中国社会经济发展格局，全国区域大致分东部沿海发达地区、中部较发达地区和西部落后地区等。这就是今天的区域差距问题。

二　区域合作的必要性和可能性

要素禀赋理论是研究区域经济的基本理论之一。要素的空间分布不均衡使得区域政府合作治理非常必要。自然要素如矿产、资源、人口、气候等要素在地理空间上必然是不均衡的，社会要素如资本、技术、文化水平、设施建设、制度环境等由于人类社会发展的差异性也是难以均衡的。

不同区域各种要素的差别导致了经济社会发展的差别，这种差别在一定程度上就成为一种相互补充、相互依赖的关系，在地区发展过程中基于差异性的存在而促进地区要素的交流和互通。每个地区都会根据本地实际所拥有的要素选择产业以及发展方向，都会站在本地优势和本地需要的立场上选择道路，对全局的思考和关注明显不足。最终的结果往往是一个区域内部各地区产业和规划同质化非常突出。而且这种片面的同质化产业发展模式和选择实际上对区域内部各地区都是不利的。这就迫使区域内各地方政府展开协调合作，相互沟通，尽可能统筹地区发展，形成错位发展方向。

市场经济条件下，地方政府也存在理性经济人的选择，每个区域内地方政府在作出决策时都会以本地方利益最大化为主要目标。所以最终可能都会选择出对本地方最有利，而对其他地方不利的政策。地方政府之间的相互不合作最终的结果是对大家都不利。因此囚徒博弈困境在区域内政府之间会产生。最佳模式便是区域内各地方政府之间协调合作，共同应对，在政策选择中考虑区域内各地方的共存性和相互的关联性。区域内的一些共享的、稀缺的、可流动的资源，如水资源、森林资源、矿产资源、生物资源等，这些资源都具有非排他性。如果各地方政府只考虑自身利益，就会尽量使用共享资源，乃至有些政府不负责任地掠夺使用或破坏。这种行为常常会被其他地区所效仿，使得资源消耗和环境破坏加速。有些地区可能对共享资源进行了必要的保护，但保护者无权阻止其他地区的消耗和破坏，也不能由于采取了保护措施而获得利益。

要避免类似公地悲剧的发生，就必须建立区域政府之间的协调合作机制。缺乏区域合作的各地方政府往往只考虑地方的利益，不能促进区域整体利益的最大化。必须通过某种体制机制的建立，来规范区域内各地方的行为，制裁区域内的违规行为。①

本课题所研究的区域协调合作并不包含全国范围内不同经济区域如东部地区、中部地区和西部地区如何协调合作，而仅仅是指在西部大开发中西部地区之间构建一个经济发展区域时，协调合作区域内部的不同隶属关系的行政区之间的关系。

国家发展和改革委员会2012年1月发布的《西部大开发"十二五"规划》将西部大开发重点经济区分为成渝地区、关中—天水地区、北部湾地区、呼包银榆地区、兰西格地区、天山北坡地区、滇中地区、黔中地区、宁夏沿黄地区、藏中南地区、陕甘宁革命老区十一个区域。除重点经济区外，规划中包括农产品主产区、重点生态区、资源富集区、沿边开放区以及特殊困难区等。所有这些规划都是以区域作为规划的出发点。

本章以兰州—西宁—格尔木经济区（简称"兰西格经济区"）为研究背景，研究甘肃省兰州市红古区与青海省海东市民和县在西部大开发进程中，如何解决区域经济发展中政府部门统筹协调合作的制度性建设。

第二节　"民海一体化"模式分析

研究这一问题的意义在于，同属一个经济区域内，不同的行政单元实质上成为限制、制约乃至阻碍区域经济发展的重要因素。政府部门往往基于管理便利考虑或者利益分配等因素，只考虑对其本身最为有利的政策选择。而现行的行政管理体制并不完全符合区域经济发展的要求。当同一区域内的不同行政单元共同隶属的行政机关层级越高，也就是说二者之间的行政关系越远时，这种阻碍区域经济发展的力度也就越大。本课题研究的民和县和红古区分属青海省和甘肃省，两地的共同上级部门就是中央政府。因此该问题是全国性的具有普遍意义的问题。

一　青海省海东市民和县基本情况

"民海"一体化中"民"指青海省海东市民和县，"海"指甘肃省兰

---

① 褚添有、马寅辉：《区域政府协调合作机制：一个概念性框架》，《中州学刊》2012年第9期。

州市红古区区政府所在地海石湾镇，实际上指红古区。"民海一体化"是指通过区域协调合作方式推进两地政府和民众合作，在政府协调、规划、经济、社会等方面向一体化迈进。

民和县位于青海省最东部，系青海省东大门。全县总面积1890.82平方公里，辖22个乡镇312个行政村。2015年年末全县常住人口36.37万人，比上年年末增加2994人。全县户籍人口43.17万人，其中城镇人口11.57万人，乡村人口31.6万人。男性人口22.34万人，占总人口比重51.75%，女性人口20.83万人，占总人口比重48.25%；少数民族总人口26.12万人，占总人口的60.5%。2015年全县地区生产总值68.3亿元，比上年增长11.6%，其中第一产业增加值9.74亿元，增长5.6%；第二产业增加值35.74亿元，增长14.7亿元；第三产业增加值22.83亿元，增长8.9亿元。全县公共财政预算收入37236万元，比上年增长17.19%。全县财政一般预算支出完成380145万元，同比增长25%。①

马场垣乡位于民和县城东部，湟水河南岸，西与川口镇邻接，北与红古区海石湾镇、红古乡、花庄镇隔河相望，东南为本县隆治乡。该乡为民和县地理自然条件最好、经济发展水平最快的乡镇之一。气候宜人，海拔为1780米，无霜期为200天，适宜各类农作物生长，为全县瓜果蔬菜基地，俗称瓜果之乡。全乡总面积99平方公里，耕地22000亩，水浇地为20000亩。共有7个行政村，将近2万人口。

二　甘肃省兰州市红古区基本情况

红古区为兰州市的远郊区，因境内享堂峡以东的红古川而得名，1960年建区，全区总面积567.66平方公里，总人口14.3万人，其中城市人口9.5万人，农村人口4.8万人，有回、满、东乡、藏、蒙古等18个少数民族，少数民族占全区总人口的9.4%，其中回族占9%。现辖海石湾镇、花庄镇、平安镇、红古乡、窑街街道、下窑街道、矿区街道1乡3镇3个街道，38个行政村，18个社区。

海石湾镇于1987年7月1日建镇，是红古区政府所在地，地处甘肃兰州和青海西宁两大省会城市中间，各距110公里，109国道、兰青铁路

---

① 《民和县2015年国民经济和社会发展统计公报》，民和回族土族自治县人民政府网站（http://www.minhe.gov.cn/html/1931/230442.html）。

横穿全境，是连接青藏的交通要道和咽喉。总面积 32 平方公里，其中：城市面积 11.4 平方公里；辖 3 个行政村，5 个社区，9 所学校，3 家医院；总人口 35240 人，其中农村人口 5370 人，占总人口的 15.24%；现有耕地 3417 亩，人均 0.64 亩。红古乡地处红古区中部，东邻花庄镇，西接海石湾镇，南临湟水河，北靠永登县。东西长 22 公里，南北最宽处约 10 公里，总面积 114 平方公里，总人口 13395 人。红古区矿区街道位于红古区西北端，祁连山支脉哈拉古山东北麓，辖区西临大通河、东毗永登县七山乡，现辖 4 个村，总人口 6600 余人。矿区街道由原窑街煤电公司矿队办四村整体移交红古区政府后，于 2005 年下半年组建成立。下窑街道位于红古区西北端，大通河下游东岸，东接永登县七山乡，西临永登县河桥镇，南与海石湾镇毗邻，北与窑街街道相连，辖区面积 18 平方公里，管辖 4 个社区，总人口 26733 人。窑街街道位于红古区西北端，祁连山支脉哈拉古山东北麓，西临青海、北靠永登。街道总面积 35.2 平方公里，现辖 3 个村、4 个社区，总人口 2.6 万余人，街道办事处由原红古区窑街镇人民政府机关整建制转移组建而成。花庄镇位于红古区中部，东衔平安镇，西接红古乡，南濒湟水河，北邻永登县七山乡。总面积 302.3 平方公里，全镇 3724 户 15400 人，总耕地面积为 17180.9 亩。平安镇是红古区的东大门，是省级小城镇综合改革试点镇，东接西固区达川乡，南濒湟水河，与永靖县西河乡隔河相望，西连本区花庄镇，北靠永登县苦水乡，东距兰州市 60 公里，西距区政府驻地 45 公里。总人口 2.1 万人，总户数 4700 户，总耕地面积 19019.25 亩。红古区镇、乡、街道大都与民和县隔河相望。而与红古区相邻的民和县川口镇、马场垣乡为民和县经济最发达地区。①

　　根据国家发改委、国土资源部、财政部《关于印发第三批资源枯竭城市名单的通知》，兰州市红古区已经被列入国家第三批资源枯竭型城市。连海经济开发区是 1988 年 9 月省政府批准设立的省级经济开发区。根据国土资源部 2006 年第 29 号公告《第十四批落实四至范围的开发区公告》，兰州连海经济开发区总面积 800 公顷，包括 4 个区块：（1）原兰州西北铁合金厂区块；（2）原兰州连城铝厂区块；（3）原窑街矿务局区块；（4）原兰州碳素厂（实际就是四大企业的厂区范围）。园区按布局具体划

---

① 兰州市红古区人民政府网站（http://hgq.lanzhou.gov.cn/）。

分为四大功能区：平安有色金属新材料产业基地，花庄（八冶）仓储及轻工产品生产基地，洞子、水车湾煤电冶金生产基地，罗金台食品药品加工基地，规划总面积近 13000 亩。目前，兰州连海经济开发区共有规模以上企业 12 家，累计完成固定资产投资 128.21 亿元，完成市、县两级财政投入 4689 万元，企业总投资 127.84 亿元。2010 年，兰州连海经济开发区实现工业增加值 26.76 亿元，实现销售收入 87.31 亿元，实现利税 1.96 亿元。其中：红古产业园实现工业增加值 15.3 亿元。窑街煤电有限责任公司实现增加值 10.92 亿元，同比增长 13.18%，实现销售产值 20.9 亿元，产销率 102.73%；方大炭素新材料科技股份有限公司实现增加值 4.41 亿元，同比增长 16.5%，销售产值 14.35 亿元，产销率为 99.95%。两家企业增加值占全区规模以上工业增加值的 42.7%，贡献率为 48.98%，拉动规模以上工业增加值增长 7 个百分点，占红古区 GDP 的 23.74%，贡献率为 31.44%，拉动 GDP 增长 4.09 个百分点。永登产业园实现工业增加值 11.4 亿元，实现销售收入 51.6 亿元，实现利税 1.53 亿元，主要产品铝锭、铝合金产量 23 万吨，铁合金产量 19.7 万吨。①

三　民海区域的辐射功能

（一）区域辐射范围

民和县总人口 42.13 万人，面积 1890.8 平方公里，农业人口 36.64 万人，占总人口的 86.9%。红古区总面积 567.66 平方公里，总人口 14.3 万人，其中城市人口 9.5 万人，农村人口 4.8 万人。民和县总面积为红古区的 3.33 倍，总人口为红古区的 2.95 倍。民和县城市人口为 5.49 万人，将近红古区的一半，农业人口将近红古区的 8 倍。该区域合计总人口为 56.4 万人，总面积达 2458 平方公里。②

（二）两地相互依存

该区域为兰西经济区的中间点，距离兰州市、兰州新区、西宁市均为 100 公里，兰州连海经济开发区虽说是经济开发区，但实际上是以连城铝厂、窑街煤电、碳素厂、西北铁合金厂四大企业的企业用地为限的经济开发区。对红古区经济发展的综合影响不大。因此，虽然红古区早在 1960

---

① 时间节点 2013 年 12 月。

② 本数据为相关各方公开数据统计汇总结果，时间为 2013 年 12 月。

年建区，但作为远郊区，受兰州市经济辐射作用不强。作为区建制，更多的是基于一些大型企业而存在。由于人口集聚效应难以达到规模，因此长期以来红古区发展与民和县密切联系。红古区与民和县之间的经济社会联系要远远高于与其他地区的联系。

从民和县经济社会发展来看，由于老鸦峡的阻隔，民和县的经济社会发展与青海省其他地区如海东地区政府所在地平安县、邻近的乐都县关联性不强。由于南山的阻隔，民和县与化隆县也没有多少联系。即使与循化县有些联系，但由于交通等原因，基本局限于民和县官厅地区。相反，由于地缘经济的影响，民和县的经济社会与红古区紧密关联。民和县川口镇、马场垣乡与红古区窑街镇、海石湾镇、红古乡、花庄镇全面关联。民间交往、经济来往比政府交流更为深刻、全面、普及。通过婚姻等社会交流，这一片地区实际已经完全融合。行政区划成为制约两地一体化的主要因素。

该地区的辐射功能还在于该地区不仅广泛影响民和县、红古区将近60万人口的区域，该地区还辐射影响青海循化县、甘肃永登县、永靖县、临夏州等地区，辐射影响将近200万人口的区域。该辐射区内很多地区为甘肃省、青海省的贫困地区。其经济、政治、文化等方面的意义远非单纯的经济发展所能涵盖。

（三）红古区优势

从经济指标看，红古区占有明显优势，2011年，实现地区生产总值达到80.3亿元，增长15.2%。其中：第一产业6亿元，第二产业56.3亿元，第三产业18亿元。三次产业比重调整为7.5：70：22.5。完成全社会固定资产投资总额41亿元，增长40.6%。实现社会消费品零售总额19.6亿元，增长17.1%。完成全地区财政收入9.5亿元，增长16%；一般预算收入1.7亿元，增长16%。城镇居民人均可支配收入达到12608元，增长19%；农民人均纯收入达到8505元，增长13.7%。而这些指标中，民和县2012年全县完成地区生产总值52.23亿元，固定资产投资57.63亿元，地方公共财政预算收入2.3亿元，农民人均纯收入5032元。红古区农民人均纯收入是民和县农民人均纯收入的1.69倍，这还是红古区2011年数据与民和县2012年数据之间的比较。因此，同年数据应在1.7倍以上。①

————————

① 兰州市红古区人民政府网站（http：//hgq. lanzhou. gov. cn/）。

从地理位置看，民和县大部分地区为山区。受干旱等自然要素影响很大，如民和县大庄乡、塔城乡、转导乡、联合乡、芦草乡等地，属干旱山区，自然条件艰苦，农业生产条件恶劣，基本属于靠天吃饭地区。耕作条件较好的地区人均耕地很少，一些人均耕地较多的地区自然条件很差。而红古区情况则相反，全区面积约为民和县 1/3，绝大多数地区都属于湟水河沿岸地区，自然条件优越，全区农业人口为 4.8 万人，为民和县农业人口的 1/8。因此，红古区农民人均纯收入远高于民和县农民人均纯收入是必然的事。

从工业基础看，红古区原有工业基础较好，区内主要有窑街矿务局、碳素厂、西北铁合金厂等企业，是一座资源型城市。而民和县原有民和镁厂破产后，沿湟水河建设的西北铁合金企业随着工业园区整合，一部分在民和县下川口工业园区重新建设投产，其他企业基本破产关闭。

（四）民和县优势

人口优势。民和县总人口达 42.13 万人，是红古区的将近 3 倍，人力资源丰富。容易形成人口集聚优势，因此民和县川口镇作为全县的政治经济文化中心，流动人口多，消费能力强，辐射全县范围。红古区海石湾镇的消费其中很大部分是由民和县人口带动的。

市场优势。作为青海东大门的民和县与青海境内其他地区之间在经济政治文化上的广泛交流，在为民和县带来人气的同时也给红古区带来人气。民和县与循化县、永靖县、临夏州等地的经济交往给红古区带来了商业机遇。这一方面与民和处在甘青两省交界处的特殊地理位置有关；另一方面与民和县回族群众集聚人口数量较大且与该地区群众的经商传统有关。因此，民和县市场优势要高于红古区。

资源优势。民和县面积为红古区面积的 3 倍多。境内资源较为丰富，有不同产业的回旋余地。

发展势头优势。民和县属于后发展地区，由于人口多，需求旺盛，发展势头比较好。作为青海省的东大门，民和县经济的发展历来被海东地区乃至青海省所重视。尤其青海省确定东部城市群发展战略以来，民和县作为青海省湟水河流域与黄河流域两个经济带的交会处，在整个青海省经济发展中有特殊位置。自启动海东建市以来，民和县经济和城镇建设跨越式发展。后发优势明显。而红古区本身人口较少，大型企业具备一定规模，发展态势不如民和县。

（五）两地之间的关联性

该区域民和县、红古区离各自的行政经济中心距离均为 100 公里，各自行政所属经济政治中心地区对本地经济辐射功能较弱，主要靠本地自身发展力量推动经济。

在交通方面，民和县原有民和史纳火车站，后被撤并。现在民和县人员流动乘坐铁路必须通过海石湾车站出入。新修建的兰新铁路在民和县川口镇修建火车站。高速公路方面，两地均依赖兰西高速。该高速在民和县、红古区均设有进出口。国道 109 线贯穿红古区境内主要乡镇，途经民和县川口镇。两地距离兰州机场有 100 多公里，距离西宁曹家堡机场为 70 余公里，高速公路直达。目前曹家堡机场正在改扩建，待扩建后，随着航班增加航线扩展，该地区与西宁的联系将会更加紧密。

在水资源方面，民和县川口镇、马场垣乡等地与红古区海石湾镇使用相同的主要水源。这就是大通河水和湟水河。随着经济规模扩张和发展速度加快，两地之间水资源争夺势必成为焦点问题之一。

在环境保护方面，两地分处湟水河两岸，属于零距离地区，彼此之间在生态建设环境保护方面有直接影响，任何一方都不可能靠单方面努力来做好环境保护工作。不管是空气污染治理还是水污染治理，乃至生活垃圾处理都相互影响。

在社会治安与行政执法合作方面，由于两地之间人员交往频繁，经济密切相关，社会治安的治理和管控、行政执法等问题也存在相互配合的问题。

第三节　"民海一体化"制度架构

一　"民海一体化"合作难点因素

（一）思想观念

思想观念落后始终是西部地区发展滞后的原因之一。推进民海一体化，主要的思想观念阻碍来自民和县和红古区干部层面，两地长期以来都秉持自我发展、关门发展的理念，基于本位意识很少考虑将区域一体化纳入党委政府的重大战略决策去思考和研究。在发展规划、产业定位等方面竞争多于合作。尽管区域近在咫尺、隔河相望，但经济发展方向为各自省行政中心，红古区向兰州市方向发展，民和县向西宁方向发展。在现行体制下，区域发展往往是本省市的发展，跨省交流合作很难纳入规划思维中。

（二）行政管理体制局限

民和县属青海省海东市管辖，红古区属甘肃省兰州市管辖。这种跨省不同省级的管理体制，导致两地在干部人才交流、规划编制、行政审批等方面难以做到区域一体化。

（三）基础设施投资

从现行的基础设施投资体制来看，基础设施投资与行政区划密切相关。民海一体化首先需要解决的是一定项目的基础设施投资，如桥梁建设。两地分处湟水河两岸，两地县区政府直线距离不超过5公里，只需要一座桥的建设，即可以使两地之间产生零距离的效果，但长期以来，两地都会从本地经济出发，难以在桥梁建设上达成共识，2008年两地就桥梁建设进行过磋商，但最终无果而终。好几年时间过去了，两地仍然抱残守缺，彼此相望却难以相融。按照实际需要，民和县和红古区之间如果建设两到三座桥即可满足交流融合需要，但实际上除109国道线桥梁外，只有民和下川口至红古区花庄镇之间有桥梁。

（四）利益分享和义务分担平衡问题

长期以来，双方为某些税费的征收压低比率吸引对方地区纳税人来本地纳税，在诸如车牌办理等方面采取优惠措施吸引对方地区人员来本地办理收取税费，在吸引投资等方面相互压价采取优惠措施，两地的恶性竞争对双方发展均产生了弊端。从红古区角度来看，其作为兰州市辖区，是甘肃省靠近青海省的"省际边疆"，其政治经济必然向心于远在百里的兰州市，由于区内人口数量较少，建区时间长，经济基础好，因此自认为没有必要向邻近的民和县靠拢。而民和县人口数量多，经济基础薄弱，农民收入低，工业基础差，完全处于自发发展状态。

二　"民海一体化"政策建议

民和县、红古区在经济、社会、人流、文化等方面实质上完全可以融合为一体，但长期以来两地之间却始终是民间交流多于政府交往，经济交流多于政治交流，文化交流多于社会交流。从地理位置和布局来看，如果促进两地一体化，在大通河、湟水河、巴州河交汇的甘青两省交界地，完全可以发展成为一座新型中等城市。

（一）中央层面的政策支持

尽管民海一体化只涉及两个区县，人口不足百万。但该地区推进一体化却能承接兰州、西宁两个省会城市及兰州新区的中间支撑点。区域辐射甘青两省将近十个区县,属于甘肃省的有红古区、武威市天祝藏族自治县、永登县、永靖县、临夏县、积石山保安族东乡族撒拉族自治县等地区,属于青海省的有民和县、乐都县、循化县等地区。该地区为109国道、兰西高速兰州至西宁中间点,是甘青两省最佳交会点。有得天独厚的地理优势、水资源优势、人文优势。因此,中央有关部门应通过合适的方式促成两地合作并在基础设施建设等投资上打破两省的行政局限。按照《关于深入推进西部大开发的若干意见》,目前国家发改委正在牵头制定《兰西格经济区发展规划》。作为一个青海、甘肃两省区域重点经济区域规划,应当将民海一体化纳入规划中,从兰西格经济区全局发展的高度关注民海一体化问题,并将该地区作为甘青两省经济全面合作、打破行政区域限制的试点和抓手。

(二)　省市级政府部门的协调合作

该地区属于两省交界处,分属不同省级管辖,因此许多问题应在省级部门之间达成共识,两省应该就该地区一体化进行必要磋商并授权当事区县协调合作的政策框架。为了使民海一体化成为两地长期而稳定的发展战略,两地省级政府有关部门应加强合作,如果能够通过一个省级政府的行政规章来规范并固定两地的发展模式,则可以从行政立法角度将两地一体化进程纳入法治轨道。即使在合作初期制定行政立法条件并不成熟,两地省级政府之间也可借兰西格经济区发展契机,就民海一体化问题展开磋商,就一些双方可以达成的共识协商制定两地合作协议。鉴于民和县、红古区分别为青海省海东市和甘肃省兰州市下辖区县,两地区可分别上报本省授权就民海一体化问题展开研究,制定协调合作相关协议。或在市级职权范围内就两地合作问题进行磋商。

(三)　当事两地区县协调合作

不管是通过国家发改委制定《兰西格经济区规划》促进民海一体化,还是通过青海、甘肃两省协调合作制定协议或通过地方行政立法,抑或兰州市、海东市两市促进民海一体化,最终实际落实的责任完全在当事区县双方。因此,民和县、红古区两地的协调合作是该区域真正实现一体化,促进区域经济快速可持续发展的关键。当事区县要充分开展协调合作,必须要有相应的法律根据或政策依据,因为这种一体化推进具有不可逆性、长期性和共同性。支撑区域协调合作的制度框架是双方合作的基础,因此构建这种制度框架就成为双方合作的基础和关键。

（四）合作目的、程序、协议内容、主体

两地区域协调合作是基于区域经济社会全面发展，适应市场经济条件，更好地发展区域经济。使得区域相连、行政区划分属两省的地区打破行政区划制约，争取用五到十年时间发展成人口30万—50万的中等城市。

（1）两地政府之间签订合作协议。两地之间签署合作协议是推进两地一体化的重要工作，应立足兰西格经济区发展的高度，以深入推进西部大开发为契机，由两地政府在上级政府的支持下协商签署合作协议。对未来两地发展推进地区一体化进行全面布局，可共同邀请有关部门和专家对两地合作展开广泛深入的调研，对民海一体化战略的可行性、难点破解、意义和效益、未来发展走向、不利因素等方面进行研究论证。在广泛听取民意和专家意见的基础上，必要时可提交各自的人大、政协等部门进行讨论和咨询，最终在双方权力机构、协商机构、民众之间达成共识。在起草合作协议后广泛征求意见，尽可能使决策科学化、民主化、公开化。

（2）构架两地合作协商机构。通过两地协调，在现有的体制下构建一个协调合作机构，该机构可设置为"民海一体化办公室"，应分别指派至少由副县级主管领导负责，由各自的相关行政职能部门组成联合办公室。随着一体化进程的发展调剂协调合作机构和人员配备，至少包含规划、环保、产业布局、交通、社会保险等部门。

（3）干部交流挂职。为了更好地相互交流融合，应尽快由两地组织部门协调，建立两地干部交流挂职制度。在上级部门的支持下，分别由区县行政副职、相关职能部门副职干部交流挂职，以此来加深双方的了解和认识，深化干部之间的沟通。同时应加强协调合作的干部培训。

（4）统筹规划城市建设。民海地区两地在湟水河沿岸，两地区县行政中心相距不足5公里，实际上就是桥两头，属于零距离。因此要使两地在城市建设、产业布局等方面发展为一个城市，只有协商合作，统筹城市建设规划，才可能保证未来城市发展和建设的结构、功能、特色融为一体。河岸建设、桥梁沟通乃至城市绿化都必须在共同谋划之下才可能完成。因此必须使双方的规划相互融合、扬长避短，相互沟通和相互影响。必须相互吸纳对方规划并站在互利互惠的基础上，共同完成城市建设规划。即使在某些方面存在比较大的差距，但在两地联结地区首先达成共识。从目前大通河、湟水河两岸建设看，两地政府隔河相望，无直接相通的桥梁，必须绕 109 国道才可到对方所在地。如果在两地政府之间建设桥梁，并在发展规划中以湟水河两岸作为相互呼应的规划选择，则两地城市建设将会浑然一体。

（5）产业布局和发展思路。目前两地产业布局和经济结构处于各自为政状态，既有互补错位的产业和经济结构，也有重叠同质化现象，两地之间的经济完全处在自我发展、封闭发展状态，对该区域的产业结构和经济发展缺乏区域性规划和引导。通过两地合作协调，构建互利共赢的产业结构和发展模式势必促进区域经济的发展。

（6）行政执法协作。零距离地理位置需要两地在行政执法领域相互配合合作，在治安治理、交通行政、环境保护等方面也需要两地的合作。需要在协议中明确两地执法的具体问题。

（7）城市交通、通信、网络等方面实现无障碍互通。两地之间交通尽可能实现便利，实现两地公共交通的互通，通信网络等设施应实现同城化，减少乃至消除地域限制。

（8）在社会保障、医疗资源等民生领域实现互通。该区域辐射人口将近百万，但由于两地离各自的行政中心兰州市、西宁市均为 100 公里，区域内群众就医极为不便。两地均无三级医疗机构，目前该区域只有民和县两家县级医疗机构和红古区一家区级医疗机构。均为二级医院。为解决群众医疗需求，应在该区域建设一座有较高医疗水平的三级医院。鉴于民和县人口数量为红古区人口数量的三倍。应在民和县区域建设三级医疗机构。最佳的选择方式是将两地医疗机构进行整合，以股份制方式组建新的医疗机构，有关医疗保险实现同城化管理。同时在社会保障诸如养老保险等方面逐步推进同城化。

（9）经济基础设施建设公司化运作。为了满足城市建设、城市公共设施等方面的同城化需求，应按市场经济方式组建两地政府合资控股的国有公司，在城市建设、自来水供应、城市公共交通等方面以股份公司的方式进行资产运作，履行城市公共服务职能，以市场化手段减少政府不必要的干预。

第四节　区域协调合作制度创新的法理思考

从本课题调研来看，民和县、红古区两地如能作为一个区域整体发展，则不仅对两地区经济社会发展有利，对青海、甘肃两省经济社会发展也有利。作为兰西经济区的重要支撑点，如果该地区发展成为一个有相当影响力和经济活力的中型城市，城市人口能够达到 30 万乃至 50 万，城市的集聚效应便会凸显，兰西格经济区将真正成为经济区而不是两个经济点，这对《西部大开发战略"十二五"规划》的实施会起到很好的促进作用。然而，如果继续目前这种传统的政府运作方式和经济规划方式，即使再过五到十年，该地区依然难以出现我们所期望的效果。甘青两省依然会继续采取这种封闭的画地为牢模式，错过当下非常良好的发展机遇。问题的根源在于，现行行政管理模式的弊端已经制约了区域经济的发展。

第一种选择，在这个地区建立一个属于甘青两省共管的地级市，完全打破现有的行政管辖模式，建设区域合作试验区。

第二种选择，在行政隶属关系不变的情况下，以市场化经营为手段，在城市基础设施、公用事业建设中采取股份制模式运营。如两地政府按照市场化模式组建股份制公司，在城市建设、自来水供给、通信设施、道路桥梁等方面将现有国有企业改组为两地政府持股的股份制企业，以企业化运作方式来经营城市。

第三种选择，先行小范围合作。鉴于两地城镇建设均在湟水河两岸，可先行在两地城市建设规划等方面协调合作，谋求布局的整体性，同时在水资源利用、污水处理、产业规划等方面加强沟通与合作。

一　区域协调合作制度建设的政策基础

党的十七大报告明确指出，要深入贯彻落实科学发展观，推动区域协调发展，遵循市场经济规律，突破行政区划限制，形成若干带动力强、联系紧密的经济圈和经济带。党的十八大报告继续强调，必须以改善需求结构、优化产业结构、促进区域协调发展、推进城镇化为重点，着力解决制约经济持续健康发展的重大结构性问题。从党的十六大以来的区域发展态势来看，中央政策对区域协调合作发展的态度是明确的。"十一五"规划明确指出："坚持实施推进西部大开发，振兴东北地区等老工业基地，促进中部地区崛起，鼓励东部地区率先发展的区域发展总体战略，健全区域协调互动机制，形成合理的区域发展格局。"并提出要"健全市场机制，打破行政区划局限，促进生产要素在区域间自由流动，引导产业转移"。"十二五"规划指出，"十二五"期间要基本形成适应主体功能区要求的法律、法规和政策，完善利益补偿机制。《关于深入推进西部大开发战略的若干意见》明确了兰西格经济区作为重点经济区率先发展，而且在体制机制创新中指出，改革开放是西部大开发的强大动力。坚持发挥市场在资源配置中的基础性作用，鼓励和支持西部地区大胆探索、先行先试，以改革促开放，以开放促开发，建立有利于西部地区又好又快发展的体制机制。

从近年来各地的实践来看，中央和一些地区相继出台区域性规划、促进区域协调统筹的政策和规范性文件。2006年6月辽宁、吉林、黑龙江三省签署了《东北三省政府立法协作框架协议》，开创了地方政府区域性立法协作的先河。此后又召开多次协调会，统一规范三省行政许可和行政处罚的自由裁量权，建立违法行政案件查处合作机制。2010年国家发改委根据《国务院关于长江三角洲地区区域规划的批复》下发了《关于印发长江三角洲地区区域规划的通知》，强调要充分发挥长江三角洲地区区域合作协调机制的作用，建立健全泛三角洲地区合作机制，协调解决规划实施过程中遇到的问题。《珠江三角洲地区改革发展规划纲要（2008—2020年）》对广东的区域协调发展和区域合作进行了总体部署，提出了新的更高要求。2009年3月，广州、佛山两市在佛山签署了《广州市佛山市同城化建设合作框架协议》，广佛两地将在产业协作、城市规划、交通基础设施和环境保护等领域率先尝试同城化。下一步，广佛两地还将启动编制《广州佛山同城化建设发展规划》，重点明确广佛都市圈功能分区、土地利用、产业发展、基础设施建设、环境保护等，促进广佛城市功能合理分工、协调发展。2009年6月，广州、佛山、肇庆三市共同签署了《广佛肇经济圈建设合作框架协议》。三市在规划对接、交通运输、产业协作、科技创新、环境保护、旅游合作、社会事务、区域合作七大方面达成了一揽子合作协议。

可以看出，中央政府倡导区域协调合作，并在一定层面上推动了这种协调合作机制的构建。一些地区尤其是东部地区已经率先构建了区域协调合作的政策实践，并取得了初步的成绩，积累了一定的经验。作为西部地区的青海、甘肃两省要推动民和县、红古区一体化进程已经没有政策层面的障碍，并完全可以借鉴发达地区的经验。

二　"民海一体化"行政立法

从我国现行立法体制来看，民和县和红古区并没有行政立法权限，如果"民海一体化"完全局限于两地政府的话，双方只能签订一些并不具备法律效力的区域协调合作框架协议，这种协议只要不超越区县政府的权限范围，则应当具有协议的效力。但这种行政协议的法律效力和可诉性，值得研究。如果甘青两省将这种区域协调合作上升为两省层面的行政立法，则将为"民海一体化"建设提供行政立法支持。即使作为两地上级部门的兰州市和海东市构建行政立法框架，也可以为"民海一体化"提供法律保障。

三　《兰西格经济区规划》支撑

《关于深入推进西部大开发若干意见》将兰西格经济区作为重点经济区，目前正在调研制定《兰西格经济区规划》。建议有关部门在规划编制过程中，将"民海一体化"上升为规划的一部分内容，突出民和县、红古区两地在兰西经济区建设中的关键作用，则"民海一体化"战略就上升到国家层面。如此不仅可以解决目前两地所面临的许多实际问题，而且为两地实施区域协调合作提供了重要的法理支撑。

第七章

西部应急管理能力建设法律问题

玉树 4·14 强烈地震，震级达到里氏 7.1 级，震源深度 14 公里，最大烈度达到 9 度强，波及范围约 3 万平方公里，重灾区面积 4000 平方公里。地震共造成 2698 人遇难，270 人失踪，246842 人受灾。灾区房屋大量倒塌毁损，基础设施严重破坏，生态环境受到严重威胁，经济社会发展遭受重大损失，直接经济损失约 610 多亿元。①

玉树位于青藏高原腹地，平均海拔 4000 米以上，最低点 3510 米，最高点 6621 米，重灾区结古镇海拔 3681 米。玉树处于高寒地区，全年冷季 7—8 个月，暖季 4—5 个月，没有绝对无霜期，气候寒冷而干湿不均，年平均气温 −0.8℃，年最低气温 −42℃，最高气温 28℃，年平均降水量 463.7 毫米，空气含氧量要比海平面空气含氧量低 1/3—1/2。

特殊地域环境给地震应急处置带来特殊困难。内地救援队伍难以适应高原气候，给救援工作增加难度。玉树地区基础设施滞后，当地自救能力不足，距离省会城市及铁路沿线路途遥远。玉树为藏族聚居区，受灾居民绝大多数为少数民族，民族习俗特点鲜明。受灾居民基本为藏传佛教信教群众，受灾地宗教文化浓厚，僧侣人数众多，宗教场所和宗教文物受损严重。灾民与救灾人员语言沟通存在严重障碍。

玉树地震救援工作是我国现有法律体系内最为成功的应急处置典范之一，在汲取汶川地震应急处置经验的基础上，政府各部门、武警、军队和社会各界通力合作，取得了抗震救灾的巨大胜利。在看到成绩的同时，有必要冷静思考，总结经验。

---

① 《省委书记强卫在全省抗震救灾表彰大会上的讲话》（2010 年 8 月 14 日）。

第一节　玉树地震依法应急处置的教训

一　对高海拔高寒地区突发重大自然灾害应急预案考虑不周

玉树地震发生后，国家有关部门启动应急响应，在第一时间组织全国各地救援力量赶赴灾区开展应急救援与处置，有效实施了抗震救灾。但与此同时，来自内地尤其是沿海地区的救援队员很快出现高原反应，不得不退出救援，成为被救对象，在地震现场对其开展医疗诊治，并迅速转移至低海拔地区抢救。因抢救及时，没有发生太大损伤。

但该现象说明了一个很重要的问题，即国家有关部门重大自然灾害应急处置预案建设存在疏忽。没有考虑或者充分考虑到我国地域广阔，地区之间自然环境差异大的因素，导致预案实施中发生预想不到的困难。青藏高原大多在海拔 3000 米以上，该区域的人类活动有其自身适应能力，其他地区的人员到该地区活动尤其从事高强度救援工作，有很大难度。这一点在青藏铁路修建过程中已被充分验证。从国家有关部门的角度来看，这次玉树救援工作不仅预案建设缺乏针对性，在预案实施中也存在疏忽特殊困难的问题。

面对已经发生的事情我们有必要认真总结经验教训。建议做好以下两点工作：

一是总结玉树地震救援中出现的高海拔高寒地区应急处置的特殊困难，完善国家有关部门的预案建设。根据我国地域广阔、自然条件差异性大的实际，认真研究不同区域应急处置可能面临的特殊困难，增强应急预案的针对性和实用性，避免今后的应急处置工作出现类似问题。

二是根据不同区域自然环境特点，打造几支具有地缘特色的应急救援处置队伍。尤其是针对已经发现问题的青藏高原地区，打造具有在高海拔高寒地区有战斗力的应急处置队伍非常重要。青藏高原面积 240 万平方公里，约占我国总面积的 1/4，包括西藏和青海的全部、四川西部、新疆南部及甘肃、云南的一部分。而我国应急救援队伍不能在该区域有效开展救援工作，这是一个值得反思的现象。不仅如此，青藏高原在中国具有极其重要的战略地位，保持军队在高海拔高寒地区的战斗力值得国家关注和高度重视。玉树地震发现的问题对加强国家安全建设具有重要的警示作用。

二　地方政府有关部门预案体系建设不规范

地方政府预案体系建设流于程式，大多数部门只有突发公共事件应急预案，无地震应对专项预案。这次玉树地震应急救援工作，由于党中央、国务院高度重视，果断决策，党和国家领导人及省委、省政府主要领导亲临现场指挥，采取有力措施保证了抗震救灾的有效顺利进行，但这并不意味着我们的工作尽善尽美。在玉树地震应急救援与处置阶段工作评估调研中，我们调阅了青海省许多部门制定的应急预案，发现大多数部门制定的主要是突发公共事件应急预案，缺乏地震专项应急预案。① 《防震减灾法》第 5 条规定："在国务院的领导下，国务院地震工作主管部门和国务院经济综合宏观调控、建设、民政、卫生、公安以及其他有关部门，按照职责分工，各负其责，密切配合，共同做好防震减灾工作。县级以上地方人民政府负责管理地震工作的部门或者机构和其他有关部门在本级人民政府领导下，按照职责分工，各负其责，密切配合，共同做好本行政区域的防震减灾工作。"第 46 条规定："县级以上地方人民政府及其有关部门和乡、镇人民政府，应当根据有关法律、法规、规章、上级人民政府及其有关部门的地震应急预案和本行政区域的实际情况，制定本行政区域的地震应急预案和本部门的地震应急预案。省、自治区、直辖市和较大的市的地震应急预案，应当报国务院地震工作主管部门备案。"这就是说，国家法律明确规定有关部门应当制定防震减灾规划和地震应急预案，而实际上青海省政府有关部门并没有将《防震减灾法》规定的法律要求落到实处。而该法律是国家在吸取汶川地震惨痛教训的基础上，于 2008 年 12 月 27 日修订通过的，并于 2009 年 5 月 1 日起施行。

汶川地震过去不到两年时间，国家修订法律实施不到一年时间，不幸又发生玉树地震，而发生地震后发现有关部门并没有按照法律要求制定专门的防震减灾规划和地震应急预案，这是值得深思的现象。结合《汶川地震应急处置与救援阶段评估报告》来看，目前地方政府制定的应急预案流于程式，基本雷同，缺乏操作性和针对性。② 同时除地震主管部门

---

① 根据青海省政府委托，青海省行政学院组成青海玉树地震应急处置与救援阶段工作评估课题组，对参与抗震救灾的有关部门进行了广泛调研，本研究保留原貌。

② 四川省行政学院课题组：《汶川地震应急处置与救援阶段评估报告》，四川人民出版社2009 年版，第 10 页。

外，只有按照《突发事件应对法》制定的自然灾害应急预案，缺乏专项防震减灾规划和地震应急预案，是地方政府较普遍的现状。

《突发事件应对法》将突发事件分为自然灾害、事故灾害、公共卫生事件和社会安全事件。因此政府部门的基本观念认为突发事件应急预案或重大自然灾害应急预案包括地震在内。针对这种状况，我们建议，将预案体系建设纳入政府日常管理，预案建设和演练经常化、制度化，加大对预案制度建设不力的责任追究应是我国自然灾害预防法治建设的重点。另外，法律上应明确规定将地震应对预案与突发事件应急预案合并，统一要求相关政府部门制定应对重大自然灾害预案，以《突发事件应对法》的监测预警制度为基本要求，明确政府部门职责，将自然灾害监测预警制度与应急预案建设纳入政府日常工作。

三　地震主管部门履行职能有一定差距

汶川地震发生后群众对地震主管部门履行管理职责的能力提出质疑，对我国地震科研水平和能力提出批评。我国《防震减灾法》规定并授权地震主管部门作为防震减灾的政府职能部门。地震主管部门有庞大的行政网络体系和巨大的经费投入，有专门的法律支撑。可以说地震主管部门属于"养兵千日，用兵一时"的机构，如果该机构在平时无所作为，而地震发生前或发生后同样无所作为，设立该部门并长期存在究竟有什么价值和理由？

从汶川地震和玉树地震中应急处置与救援工作发现的问题与经验教训来看，地震监测预警始终是我国政府应急管理的薄弱环节，地震主管部门应对地震灾害反应慢、效率差，对地震的监测预警不能适应形势发展的需要。从现行法律来看，有关地震监测预警的规定存在冲突。《防震减灾法》第8条规定："国家鼓励、引导社会组织和个人开展地震群测群防活动，对地震进行监测和预防。"但同时又规定国家对地震预报意见实行统一发布制度，禁止其他任何单位和个人散布地震预测意见。因此，实质上我国地震监测预警只能由政府主管部门来完成。

而目前我国地震主管部门缺乏地震预测的科研水平和能力，一味强调地震预测是全球尚未攻克的难题，说明地震主管部门缺乏履行职责的能力。根据法律规定，地震主管部门的职责可分为四个方面：一是防震减灾规划；二是地震预测研究；三是建设工程抗震设防管理；四是地震应急救援。为此建议：第一，加强地震预测研究职能，第二，撤销省级以下地震主管部门行政设置，将地震应急救援划归各级政府应急部门，将建设工程抗震设防管理纳入建设主管部门。

四　群众应对自然灾害的意识薄弱，应对和自救能力不强

玉树地震与汶川地震的一个重要区别是玉树地震有前震，前震距主震约两个小时。据震后对逃生者的调研，凡是前震后引起高度警觉，做好防范准备的人，基本上能够幸免于难。而实际上多数群众在前震发生后缺乏警觉，说明普通群众普遍缺乏自然灾害应对意识和应急处置能力。增强群众应对自然灾害的意识和能力是当前和今后一段时间要重点做好的工作。

《防震减灾法》第3条规定："防震减灾工作，实行预防为主、防御与救助相结合的方针。"第7条明确规定："各级人民政府应当组织开展防震减灾知识的宣传教育，增强公民的防震减灾意识，提高全社会的防震减灾能力。"实际上，汶川地震刚刚过去，即使政府对防震知识不做专门宣传，普通民众也应该具备这方面的基本知识和意识，但最终还是没有引起足够重视，这种状况确实让人痛心。

目前的法律制度往往只关注政府部门的应急管理体系建设，却忽视了广大群众的应急意识和能力。如果监测预警和应急预案只停留在政府层面，势必将自然灾害的预防和救助主体局限在政府自身，难以有效应对灾害。因此要加强自然灾害危害宣传，培养群众的灾害应对意识，普及灾害预防和应对知识，提高群众的灾害应对能力。只有群众的灾害应对意识增强了，灾害应对能力提高了，自然灾害监测预警机制才会落到实处，群测群防才会变为群众的自觉行为，法律制度对每个公民的要求才会成为公民自愿自觉履行的法定义务。此外，政府监测预警体系和应急预案建设必须公开透明，让人民群众参与并了解应急预案。因此建议：加强宣传，普及应急管理知识，增强群众的自然灾害应对意识和应急能力，提升群众监测预警和应急处置水平。

五　干部应急管理能力有待提升，责任追究制度有待完善

目前我国应急管理法律体系基本建立，玉树地震应急救援与处置无疑是对应急管理法治建设的一次全面检验。尽管有学者认为我国现行应急管理法律制度不健全，需要借鉴国外经验完善法律制度，但任何完善的法律

制度，如果得不到严格遵守和执行，法律实效就会大打折扣。玉树地震和汶川地震一样，在现阶段属于不能预报的自然灾害。但不能预报并不意味着地震灾害不能预防。玉树地震造成的惨烈损害再一次敲响警钟，切实执行现有法律制度是防范自然灾害最有效的手段。

《突发事件应对法》《防震减灾法》以及其他相关法律、法规和规章，都把预防作为包括地震在内的自然灾害应对的重要工作。面前大多数部门都制定了应急预案，但领导干部应急管理能力有待提高，包括地震在内的突发事件发生后，事发地政府部门领导、普通公务人员甚至村民委员会成员的应急管理能力直接决定了应急处置与救援的成败和效率。如果仅仅要求政府部门制定相应的监测预警制度和应急预案，但对这些制度和预案的实施缺乏足够的临场指挥能力，则政府的应急处置和救援就会受到制约。因此，关键问题是提升各级党委、政府领导干部甚至普通公务人员和村社干部的应急管理能力，使他们对重大自然灾害保持高度警惕性，随时关注自然灾害监测预警，一旦灾害发生又能及时有效做出应急处置反应。

现行法律中对政府及有关人员在监测预警机制和应急预案体系建设中无所作为缺乏责任追究制度，不管是《防震减灾法》还是《突发事件应对法》，在法律责任一章中，都缺乏对监测预警体系建设不力以及应急预案体系不健全的部门和相关人员的法律责任规定，导致监测预警和应急预案体系建设规定成为软约束。实践中一些部门往往只是将监测预警制度和应急预案体系建设作为应付检查的工作，难以发挥监测预警和应急预案体系应有的作用。因此，建议通过其他规范性文件来制定制度，追究相关人员在监测预警和应急预案体系建设中怠于履行职责的责任。

第二节　玉树地震灾后重建的法治保障

一　灾后重建法治化是建设法治政府的基本要求

目前玉树灾后重建已全面展开，大量资金、项目、工程都投向玉树地区，如何保证灾后重建的顺利实施是一个迫切而重大的问题。灾后重建中政府要发挥全面而广泛的作用，从救援安置到灾民身份认定，从灾后废墟整治到包括户籍管理、土地权益等方面的行政认定与权利确定，从规划设计到所有重建项目的审批实施，从项目施工到监理检查，甚至重建中的生态保护都存在法律、法规以及其他规范性文件的制定和执行问题。如果没有完善的法律制度和严格的法律执行，灾后重建工作将会一片混乱。灾后重建尤其是玉树地震灾后重建中，政府起主导作用，政府的行为和能力直接决定灾后重建的成果和效率。

2010 年国务院发布了《关于加强法治政府建设的意见》，其中明确要求法治政府就是责任政府，政府的行政行为要既合法也合理，以政府自觉遵守法律来实现社会的守法和社会公正。灾后重建法治化既是政府对自身的要求，也是依法治国的基本内涵，更是在灾后重建特殊时期保证公平和效率的有效手段。灾后重建法治化关键要做好这样一些工作：

第一，依法制定包括其他规范性文件在内的灾后重建法规制度，保障重建有法可依、有章可循。汶川重建中国务院专门制定了《汶川地震灾后恢复重建条例》。玉树地震重建中国务院没有出台专门条例，制定了《玉树地震灾后恢复重建总体规划》，国务院发布了《关于支持玉树地震灾后恢复重建政策措施的意见》《关于做好玉树地震灾后重建工作的指导意见》《玉树地震四川灾区灾后恢复重建实施规划》，国务院抗震救灾总指挥部颁布了《青海玉树地震抗震救灾捐赠资金使用管理监督办法》，民政部、发改委、监察部、财政部、审计署制定了《青海玉树地震抗震救灾捐赠资金管理使用实施办法》等。青海省根据规划又制定了重建相关制度，主要有《关于发挥群众主体作用充分运用市场机制加快推进玉树地震灾后重建的指导意见》《关于加强玉树地震灾后重建建筑市场监管工作的通知》《关于青海玉树地震灾后重建工程项目施工及监理招标投标工作的指导意见》等。除此之外，政府有关部门要根据灾后重建的实际需要，在现有法律法规和规章的框架内，制定了一些规范性文件，使灾后重建做到有法可依、有章可循。

第二，严格、规范、公正、文明执法，保证对灾后重建涉及的各种复杂关系运用法律手段解决。灾后重建涉及受灾群众的切身利益，涉及政府对受灾群众的妥善安置，如果不能做到严格执法，势必产生矛盾纠纷，影响重建进度和质量。

第三，公开透明，廉洁奉公。灾区的干部职工及其家属和亲友也是灾民，能否保证普通群众和执法者自身利益受到同等待遇是群众极为关切的突出问题，也是上级政府和全国人民普遍关心的问题，只有公开信息，透明办事，执法者廉洁奉公，才能做到党和政府放心，全国人民放心，受灾群众安心，唯此也才能使灾区法治政府建设落到实处。

第四，严明法纪，加强监督。任何完善的制度，如果没有严格的执法责任，严密的监督体系，最终都可能成为产生腐败的温床，因此灾区重建中必须加强监督，坚决惩治违纪违法犯罪行为，保证制度执行的实效。

二　理顺灾后重建涉及的主要法律关系

灾后重建是特定地区从一个突发事件应对状态转变为平常状态的恢复过程。重建不仅是毁损建筑物的重新修建，更主要的是社会状态和社会关系的正常回归与修补。由于遭受自然灾害，社会转瞬即成失范状态，政府在这种情况下采取应急管理，根据《突发事件应对法》等法律法规规定，以超常手段解决应急事态。在应急处置与救援阶段，所有行为的核心目的是抢救人的生命和安置基本生活。当应急状态结束后，政府会尽快将失范的社会秩序引导到正常的理性回归状态，因此必须厘清灾后重建涉及的法律关系，只有明确重建过程中各类不同的法律关系，才能有针对性地解决问题。

（一）政府与灾民之间的法律关系

在重建过程中，政府与灾民之间具有复杂的法律关系，政府是为灾民提供重建救助的主体，灾民是接受重建救助的自然人，这种关系并不是单纯的行政管理关系，而主要是一种灾害救助关系，是作为一个国家的受灾公民与政府之间法律上的对应，灾民有接受救助和要求政府施救的权利，政府有实施救助的义务。这种救助关系之外，灾民和政府之间是一种管理与被管理的关系，政府是灾后重建的管理者，灾民是管理的相对人。这种管理关系与重建救助关系属于两个层面的法律关系，重建救助关系只有在灾害发生后政府实施重建救助的过程中存在，是一种特殊的关系，这种关系本身并不存在管理与被管理的内容。没有特殊时期、特殊原因，不会产生重建救助关系。但管理关系却随时存在。在灾区，只有受灾灾民与政府之间才能产生重建救助法律关系，而灾区的任何自然人和单位企业都和政府之间存在管理关系。

（二）捐赠行为涉及的法律关系

灾后应急处置与重建中有来自社会各界的捐赠，这些捐赠的处置不仅是灾民、政府关心的问题，也是捐赠者和社会各界广泛关注的焦点，因此有必要厘清灾害捐赠行为所涉及的法律关系。捐赠活动涉及很多主体，如捐赠者、灾民、政府以及经办捐赠事务的机构如红十字会、慈善会以及其他组织等。公民、法人或其他组织募集善款捐赠给受灾地区或受灾群众是法律上的赠与行为，如果赠与人直接将捐赠款物通过邮寄等方式给予特定的人或组织，这是一种法律关系比较简单的赠与合同，受赠人是特定的、明确的。如果赠与人将捐赠物通过有关组织赠与特定的受赠人，这时赠与人和经办的有关组织之间属于委托法律关系，受托人即经办组织有义务按照赠与人的意愿将所赠物资交付给特定的受赠人，赠与人与受赠人之间通过受托人代理产生赠与合同法律关系。如果赠与人委托经办人接受赠与，只是指明受赠地区或受赠行业或受赠区域不特定主体，那么实际上赠与人授权经办人选择具体的受赠人，经办单位按照赠与人指明的受赠方向办理赠与事务，这时赠与人是明确的，受赠人由经办组织安排；如果赠与人只是捐赠了物资，指明了特定区域或用途比如灾后重建，没有明确行业或特定用途，那么经办组织可根据政府统筹安排使用捐赠款物。在捐赠法律关系中，即使经办组织表面看属于政府部门如民政部，也不能产生行政法律关系，政府经办部门仍然属于民法上的受托人。

（三）建设规划施工中的法律关系

重建过程比较复杂，首先涉及重建规划的制定，规划制定属于政府部门的行政管理职能，因此规划主要是一种行政管理法律关系，但重建规划会直接影响受灾群众的切身利益，因此重建规划不仅存在行政管理，还存在民意表达问题，尽管目前有人认为重建规划及实施属于土地征用关系，但实质上重建过程中政府规划土地与征用有明显区别，首先灾害重建不能成为征用的法律事由，重建规划是由于原有的建筑物因灾害毁损而不能继续发挥效用，不得已而为之，政府重建的基本目的是对受灾群众的救助，因此重建规划要充分体现保障受灾者的利益和公共利益的平衡，要充分听取受灾人的意见。

其次是具体项目的施工管理，重建中具体建设施工项目属于建设工程法律关系，在通过政府立项审批等程序后，建设过程中，业主与施工方、监理方等都属于建设工程法律法规调整的范畴，各方之间应当通过合同规范各自的权利义务，不能因为属于重建项目而疏漏相关报批手续，也不能因为重建任务繁重而忽视对建筑、监理等有关组织的资质审查和质量管理，最基本的运作方式是建设工程项目法人管理制度。

三 妥善解决灾后重建的关键民法问题

灾害造成的损失主要来自人员伤亡和财产损失，财产权利人不同导致受损主体不同，民事主体财产受损会产生许多民事法律问题。

（一）人员伤亡产生的民法问题

地震灾害造成大量罹难者，与之相关的民法问题包括人身关系的变化和财产关系的变化。人员死亡的，其生前人身关系基于生命的结束而终止，包括婚姻关系、赡养、抚养、监护关系等与人身有密切联系的法律关系发生了变化。与此相关的，死者的财产成为遗产，死者成为法律上的被继承人，其法定继承或遗嘱继承人、受遗赠人依照继承法取得遗产。如果地震中能够承担抚养职责和监护职责的亲属死亡，则政府有关部门（主要为民政部门）承担起抚养和监护职责，未成年人依法取得的遗产以及政府救助安置财产应当通过法律程序固定并保护，待孤儿成人后交付其管理。

玉树地震孤儿是受灾群众中最困难的群体，要坚持"政府主导、多方参与"的原则，对他们予以妥善安置，给予特别关爱。对于已确认孤儿身份的，将采取亲属监护、家庭收养、家庭寄养、集中供养的办法予以长久安置。安置过程中要尊重孤儿意愿和少数民族孤儿的宗教传统、风俗习惯。这里有一个问题需要明确，如果一个未成年人继承的财产和政府安置救助财产能够支付其未来成长教育等支出，那么其他人收养孤儿，可根据孤儿实际生活支出从其财产中支付费用，如果民政部门儿童福利机构集中供养孤儿，则政府不可从其继承取得的财产中支付费用。根据青海省的政策，为地震致孤儿童每人每月发放 1000 元临时生活补贴三个月。此后，民政部与中国人寿慈善基金会签署玉树地震孤儿助养项目和舟曲泥石流孤儿助养项目合作协议。中国人寿慈善基金会将从灾害发生之日起，为 403 名玉树地震致孤儿童和 56 名舟曲泥石流致孤儿童每人每月资助 600 元爱心助养金，直至每一名孤儿年满 18 周岁或被收养之日止。[①]

（二）财产权涉及法律问题

地震不仅导致人员伤亡，也导致大量房屋毁损，造成巨大财产损失。建筑物倒塌毁损，已经失去其民法意义上的价值和使用功能，但并不意味着所有权和使用权完全丧失。建筑物原有建筑材料可能具有一定价值，其权利本身并没丧失。政府清理废墟过程中挖掘出的属于个人或企业的财产

---

① 《玉树 403 名地震孤儿每月将获 600 元助养金》，新华社中央政府门户网站（http://news. xinhuanet. com/society/2011-03/02/）。

所有权同样没有失去，明知道财产就埋在废墟底下，只是无力及时取出，也不能视为遗失物或无主物。更主要的是建筑物虽然倒塌，但建筑物所在土地仍然存在。我国土地管理法律制度规定土地全民所有和集体所有两种所有制。城镇土地属于全民所有，个人或单位可通过划拨和出让方式取得土地使用权。

由于历史和结古镇经济发展等原因，其土地使用权管理并不规范。可能既存在国土使用权出让或划拨方式，也存在集体土地宅基地使用权。而宅基地使用权中既有本集体组织内成员，也有其他地区农牧民群众通过购买方式取得该集体组织宅基地，同时也有不少城镇居民包括干部职工购买取得集体土地宅基地使用权等情况。震前玉树地区经济落后，城镇建设难以满足社会发展需求，产生这种情况也符合地区实际和经济水平。灾后重建中政府要实行统筹规划，提高城镇建设水平，必然涉及原有土地权属的变更，涉及许多人的切身利益，因此产生一些矛盾纠纷也很正常。玉树重建借鉴汶川地震重建的经验，结合玉树实际，专门制定了针对土地权利的规定《玉树藏族自治州结古镇灾后重建土地权益处置规定》，该规定符合实际和现行法律规定，关键问题是严格执行规定，如此既能保障公民土地权利，又能顺利推进重建进程。

四　正确处理灾后重建与生态保护的关系

玉树生态环境基本处于自然原始状态，是世界上海拔最高、高原草原湿地面积最大、生物多样性最集中的地区之一，是三江源自然保护区最为敏感脆弱的核心地区，其生态环境的状况直接关系到青海、全国的可持续发展，甚至关系到全球的生态安全。如果忽视灾后重建中的环境保护，就有可能带来新的环境污染和生态破坏。

党中央、国务院和青海省委、省政府高度重视重建中的环境保护工作，强调灾后重建不仅要改善当地群众的生产生活条件，还要使生态环境保护上一个新台阶，建成"生态玉树""绿色玉树"。将环保理念贯穿于灾后重建全过程，坚持"保护优先、生态先行"原则，统筹抓好拆危清墟、建筑施工、项目建设等工作中各项环保监管措施的落实。针对恢复重建的各砂石料场、砖厂、建筑工地陆续建成投产或开工建设的实际，以保护环境、防止污染和生态破坏为落脚点，持续加大对重建施工现场生态环境保护和污染防治、临时搭建和垃圾处理的督导检查力度。

（一）切实抓好在建项目环评审批监管措施的落实

全面对照《玉树灾后恢复重建援建项目册》《玉树地震一般灾区灾后恢复重建项目册》和玉树地震灾后恢复重建相关规划，扎实做好灾后重建项目环境影响评价工作，确保项目顺利开工建设。

（二）切实抓好重建阶段施工现场的环境管理

依据《青海省玉树地震灾后恢复重建项目环境保护工作指南》，重点做好现有砂石厂、砖厂、混凝土搅拌站的环境整治，严防超量、超范围开采造成新的生态破坏。要求各参建援建单位科学规范设置施工营地、料场、弃渣场和落实挡护措施，控制施工现场的各种粉尘、废气、废水、固体废物以及噪声对环境的污染和危害。要加强对施工场地的现场执法监督检查，发现环境违法问题要责令限期整改，或建议当地政府依法关闭。

（三）切实抓好灾后重建建筑生产和生活垃圾集中规范处置

按照《青海省玉树地震灾后重建现场指挥部关于转发省环境保护厅〈进一步加强玉树地震灾后恢复重建环境保护工作的意见〉的通知》要求，规范处置建筑和生活垃圾。建筑生产垃圾的处置要落实全程签单制度，抓好清理装车、覆盖运输、定点倾倒等关键环节的工作，杜绝乱堆乱倒，保证建筑垃圾规范有序清理、转运和填埋。生活垃圾的处置要以加强"生活垃圾清理、公共厕所管理"为切入点，配置完善的环卫设施，明确环境保洁范围和垃圾收集清运的责任主体，实施全日制保洁和垃圾收集处置，形成运行有效的收集、转运、集中填埋的生活垃圾处置体系，提高垃圾无害化处理率。同时要按照《抗震救灾和灾害恢复重建环境卫生工作手册》要求，做好灾后重建中居民定点过渡安置区、州县行政企事业单位固定场所以及施工营地公厕设置、专人管理、保洁维护和粪便无害化处理工作。同时，还要做好灾后重建有毒有害危险物品的收集、转运、贮存、使用和处置工作，确保环境安全。

（四）切实抓好灾后重建中的城镇居民饮水安全保障及其他环保工作

突出生态环境保护，重点抓好玉树州的农村环境综合整治项目的实施。切实抓好城镇居民饮水安全保障工作，划定饮用水水源地保护区，开展水源地保护区环境综合整治。加快推进污水处理厂、生活垃圾填埋场以及医疗废物处置中心建设。继续开展好现有饮用水源地和地表水环境质量应急监测和常态监测工作，严密监控灾区环境质量。积极做好地方环保部门机构和能力建设工作，为做好灾后重建及今后地方环境保护工作奠定坚实基础。当前，我国现有生态环境保护法律法规比较完善，政府有关部门针对玉树灾后重建生态环境保护已经制定了较为完备的规范性文件，只要严格执法，玉树重建中的生态环境保护工作就一定能做好。

第三节 完善西部地区应急管理法律制度

玉树地震初期应急处置与救援阶段的工作，对加强应急管理工作，探索建立具有高原特点的应急管理体制机制积累了丰富的经验。应总结此次玉树地震应急处置与救援工作，针对政府应急处置与救援中暴露出的不足和问题，完善应急管理法律制度。[①]

一 制定自然灾害应对专门法律

玉树地震应急处置与救援工作顺利完成，灾后重建工作正有条不紊实施。理性思考玉树应急处置，党和国家领导人的政治影响力及应急处置的鲜明态度起了关键性的作用，但同时也暴露出我国现行应急管理法律体系尚有需要完善之处。

《突发事件应对法》中规定的突发事件分自然灾害、事故灾难、公共卫生事件和社会安全事件，并按照这四类事件采取应急管理处置，但从汶川地震、玉树地震、舟曲泥石流等重大自然灾害事件来看，自然灾害与事故灾难、公共卫生事件、社会安全事件有明显区别，其预防和应急处置应该根据自身特点做出制度安排，《突发事件应对法》中的很多制度由于兼顾不同类型突发事件，在处置不同类型事件时并不完全适应，难以达到预期效果。政府与公民、政府与社会等方面的关系在不同类型事件处置中是不同的，现行法律却将不同类型的关系纳入同类管理是有问题的。尤其是自然灾害应对，我国历来自然灾害频发，包括地震、水灾、泥石流、雪灾甚至热灾等，单纯按照灾害种类制定法律如《防震减灾法》《防洪法》等，则不免挂一漏万，有些自然灾害如热灾就缺乏相应法律来应对，因此当前需要结合近几年灾害防治及救助的实践经验和教训，制定一部专门应对重大自然灾害的特别法，以协调在自然灾害预防和应急处置过程中产生

---

① 青海省行政学院课题组：《玉树地震应急处置与救援阶段工作评估报告》，青海人民出版社 2012 年版，第 102 页。笔者参与该报告研究，为"相关建议"部分主要执笔人。

的各种法律关系，解决《突发事件应对法》不专门针对自然灾害的脱节问题。

二　健全国家突发事件应急指挥组织制度

玉树地震应急处置与救援在借鉴汶川地震应急管理经验的基础上，及时设立了国务院、青海省和玉树州抗震救灾指挥部。国务院、省和军队应急指挥机构通过国务院、省两级指挥部和军队"联指"联席会议分析灾情、研究方案和分配任务。国务院抗震救灾指挥部和下属各组，主要负责制定政策和措施，调集资源，协调青海省和其他救灾主体的工作；青海省抗震救灾指挥部负责具体指挥落实；军队通过兰州军区"联指"实行统一指挥，兰州军区"联指"和相关部委的"前指"都纳入青海省抗震救灾指挥部，统一部署工作，实行属地管理。

这种应急指挥组织体系发挥了良好的作用，但同时也存在一些问题，不同层级政府抗震救灾指挥部组织架构有较大的差异性，应急指挥部设立尚不规范，工作组的分工和工作程序缺乏严谨性，组织团队优势发挥不够，上下级指挥部之间的工作关系有待理顺。建议借鉴汶川、玉树地震应急指挥组织机构运行经验，将已经成熟的做法上升到行政法规层面，使《突发事件应对法》第8条关于突发事件应急指挥机构的原则性规定予以明确。

三　健全自然灾害预防责任追究制度

不管是《防震减灾法》还是《突发事件应对法》，在"法律责任"一章中，缺乏对监测预警体系建设不力以及应急预案体系不健全的部门和相关人员的责任追究，导致监测预警和应急预案体系建设成为软约束。在实践中，一些部门将监测预警制度和应急预案体系建设作为应付检查的工作，难以发挥监测预警和应急预案体系应有的作用。因此，要完善灾害预防责任追究制度。

（1）将应急宣传和培训纳入制度化管理。多种方式广泛宣传应急知识，提升公民应急处置意识和自救能力，通过各种有效途径加强对公务人员乃至社区、村（牧）委会成员应急管理知识培训，提高基层政府和自治组织的应急管理能力。

（2）将灾害预防体系建设和应急准备工作纳入政府常规考核。督促各级政府开展经常性工作，使灾害预防和应急准备工作得以全面落实。

（3）严格应急准备法律、法规和制度的执行。对各部门、各地区企事业单位、学校、街道社区开展应急准备工作情况进行监督检查，及时对执行应急准备不力的单位和个人追究责任。

（4）对因灾前应急准备法律制度执行不力，导致损失发生或扩大的有关部门和个人追究相应责任。建议通过其他规范性文件来完善制度，追究相关人员在监测预警和应急预案体系建设中怠于履行职责的责任。

四　建立健全建筑物抗震标准责任体系

《防震减灾法》《建筑抗震设计规范》以及建设工程领域法律法规均对建筑物抗震标准有相关规定。但实际上建筑物未达抗震标准追究责任的案例很少，法律规定缺乏程序保障难以落到实处。国外有些国家如日本、墨西哥等地震发生比我国频繁，但人员伤亡远比我们少，一个主要原因就在于建筑物的抗震性能强。

我们必须吸取两次大地震的惨痛教训，完善建筑物设计施工抗震标准规定及责任追究法律制度。首先，对现行法律中建筑物抗震设计、施工中抗震性能监理以及法律责任等规定进行梳理，由最高人民法院出台专门的司法解释。其次，在现行法律基础上制定建筑物抗震性能管理法律制度，设立抗震标准登记和备案制度，对建筑物抗震要求和相关各方（如设计、施工、监理、业主等）法律责任予以明确；建议在商品房销售合同中对建筑物抗震标准明确约定，并在颁发房屋产权等证书时颁发建筑物质量安全及抗震标准保证书，该保证书必须明确该建筑物的抗震标准，并由相关责任各方法人及设计师、施工经理等人签字。一旦发生地震，则根据地震级别和建筑物在地震中的毁损情况来确定并追究相关责任方的法律责任。

五　完善灾害预防地方立法

目前我国构建了以《突发事件应对法》为核心的应急管理法律制度体系。但在应急管理中，地方立法尚处于起步阶段，法律实施中缺乏具有针对性和符合地方实际的地方性法规和地方规章制度。西部民族地区地方性法规和自治条例更缺乏专门针对自然灾害预防的规定。突发事件发生时，往往紧急制定应急性的规范性文件来落实国家法律法规，难免出现漏洞和缺陷。在对青海省以及其他一些地区地方立法进行整理归类后发现，我国应急管理的地方立法存在许多空白之处，一些重要的法律、行政法规缺乏地方实施办法和配套的地方性法规或规章，严重影响了国家法律的实施效果和实施效率。因此，要根据本地实际，制定或完善地方性法规和规章，对灾害预防法律、行政法规予以细化，将灾害预防通过地方立法落到实处。

六　加快民族地区应急法治建设

目前民族地区法治建设处于停滞不前状态，尤其在应急管理法治建设方面表现得更为突出。就玉树地震应急处置与救援来看，相应地区和各部门主要以党政领导人指示精神和并不完全适合实际的应急预案为工作出发点，使得救援工作在高度动员全员开展的情况下，难以做到规范、秩序和高效。民族地区干部的法律素养和执法水平不高，如救援初期出现的高海拔特殊问题，实质上既与地方立法不完善有关，也与政府执法能力较低有关。国家层面缺乏对高海拔地区应急管理的特殊挑战的准备，地方应该对该问题有明确的认识，应通过必要的法律手段做相应的准备。如救援前期物资发放混乱，道路秩序管理不到位等问题的产生，与民族地区执法能力有直接关系。再比如，僧侣救援在玉树地震中也属于特殊情况，在应急管理中僧侣人员仅仅是普通公民，在这种社会关系中并不具有特殊身份，宗教组织和僧侣人员在地震发生初期救援中起到了很好的作用。但由于缺乏相应的管理组织和管理手段，后期不得不采取行政措施劝返。这也说明对这一群体参与应急救援活动缺乏相关法规。还比如，在志愿服务者的组织和管理方面，玉树地震救援中也存在一些问题，究其原因，是缺乏志愿服务的法规制度的同时，民族地区政府的依法履行职责能力不强。因此，必须加强民族地区的法治建设，提高民族地区政府的法治水平。

第四节　提升西部地区应急能力建设的建议[①]

一　做好高海拔地区应急处置准备

（一）高海拔应急处置对救援人员的特殊挑战

高海拔地区气压低，空气中氧浓度低，易导致人体缺氧，引起高原反

---

① 青海省行政学院课题组：《玉树地震应急处置与救援阶段工作评估报告》，青海人民出版社 2012 年版，第 106 页。笔者系该课题组成员，为"相关建议"部分主要执笔人。

应。玉树灾区高寒缺氧，气候干燥，昼夜温差大，空气中含氧量仅为内地的60%。来自平原地区的救援官兵未采取预防措施，乘飞机或汽车迅速进入高原，机体无充足时间适应低氧，加之连续作战无法很好休息，致使30%左右的官兵出现高原反应。高原反应和高原疾病造成大量非战斗减员，救援者变为被救援者，影响救援工作顺利开展。

（二）赴高海拔地区应急处置要做好人员遴选与培训

对进入高原灾区前的救援人员，要进行必要的体格检查，以掌握救援人员身体状况，以免发生高原反应或高原疾病。调集力量要按照"就近调集、适应性强、少而精"的原则进行。加强救援人员自我保护和疾病预防等方面的知识宣传和培训工作；宣传有关高原环境、特点和医疗保健知识，增强自信心；做好适应性锻炼，以增加肺活量和增强适应能力。

（三）做好抗高原疾病医疗资源配置

各救援队应携带足量的抗高原反应相关的药品和医疗器材，如高原康胶囊、红景天胶囊、西洋参丸、制氧机、简易血氧饱和度和心率检测仪等医疗设备以及足够的御寒衣物。每100人救援队员应配备1—2名专门从事高原病防治的医务人员，负责观察评估救援队员健康情况，发现高原反应或疾病时及时处理、救治。

（四）建立高原地区搜救犬训练基地

针对这次玉树地震救援行动中部分搜救犬出现高原反应的实际情况，应该建立高原地区搜救犬训练基地，驯养一批适合高原恶劣气候条件下作战的搜救犬。

二　健全适合特殊区域的应急预案体系

（一）特定区域的应急预案要有针对性

我国国土面积辽阔，地质气候等自然条件复杂，应对不同区域自然环境条件进行差别对待，充分认识特定区域的特殊性。就高海拔地区而言，青藏高原面积广阔，地理位置特殊，无论从灾害救援或国家安全的角度考虑，均应当对高海拔地区人类活动的特殊要求认真研究，高度重视。这不仅关系到该地区自然灾害应急处置的迅速高效，更事关国家安全、民族团结、边疆稳定。

（二）强化特定区域灾害预防预案体系建设

科学地统筹考虑不同地区的特殊性，以满足不同区域、不同气候地理条件下应对突发事件的需要。要规范各地区、各部门的灾害应对预案，要按照"一案三制"的要求，规范已制定的应急预案，对不符合应急处置与救援实际的体制机制进行调整。克服预案制定中的程式化，防止自上而下的不符合实际的照搬照用；适时对预案进行修订和补充，要根据基础设施建设、应急避难场所和人口的变化，对现有预案进行修订；要随着管理的人员变动及时交接和熟悉应急预案。要公开自然灾害应急预案，以特定地域和部门为纽带，集中公开应当公开的所有预案。

（三）加强特定区域应急准备演练、培训

将应急演练纳入制度化、法治化要求，根据不同地区、不同部门的特点，有针对性地对已经制定的应急预案进行定期或不定期的演练，不断发现预案存在的问题，及时修改完善。应以党校、行政学院系统为主渠道，加大应急管理的培训力度，提高干部的应急准备意识及应急管理的实际能力。

（四）健全自然灾害监测与信息发布体系

完善自然灾害监测制度，健全信息发布机制，建设省级应急管理平台。国家应加大对西部贫困地区应急平台建设的投入，并逐步使全国省级应急管理平台联网。

三　提升高海拔地区自身应急救援能力

（一）健全高海拔地区应急救援军地协同体系

应该建立健全高海拔地区抗震救灾应急救援军地联合的一体化协同体系，在党委、政府的统一领导下，公安、武警、民兵、交通、电力、通信、供水、运输、民政、医疗等部门相互配合，形成有效协同机制，可酌情设立战备灭火组、紧急救援组、物资疏散组、后勤保障组等小组，使抗震救灾应急救援工作有序进行。

（二）加强特种装备器材建设和配备

配备必要的高海拔特种车辆装备器材。如适应高海拔气候的抢险救援车、防化洗消车和侦检、破拆、救生、照明、通信等各类器材以及消防员防护器材。特勤装备要瞄准先进的技术和优良的性能，注重装备结构的合理配套。

（三）加强高海拔地区跨区域训练

切实提升高海拔地区自身抗震救灾救援部队的机动性、灵活性，平时扎实落实好抢险救援准备工作，开展经常性的实兵实车实装跨区域拉动训练，是战时迅速拉动部队取得胜利的关键所在。

（四）加强县级综合性应急救援队伍建设

组建县级综合性应急救援队伍，按《县级综合性应急救援队伍装备配备标准》完成装备器材配备任务。要推动企业组建专职应急救援队伍，提高民兵抗震救灾应急能力。发展志愿应急救援队伍，给予抚恤和伤残保障，完善社会动员机制。

（五）建立健全高海拔地区跨区域联动应急救援机制

按照"统一领导、综合协调、分级负责、条块结合、属地管理"的应急处置原则，建立健全由中央政府直接牵头的"统一指挥、反应灵敏、功能齐全、协调有序、运转高效"的高海拔地区抗震救灾跨区域联动应急救援机制。

四　强化民族地区基层政府应急管理能力

（一）加强基层政府应急管理能力建设的常规工作

加强基层应急人员队伍建设，针对基层应急办事机构编制少、人员不足的实际，建议适当增加人员编制。加大培训力度，提高应急管理机构成员的专业服务水平。建立政府应急管理组织与应急咨询专家组合作制度。危机管理的时机把握和快速应对，需要应急指挥决策机构及时、准确地掌握灾害信息，快速、正确地做出判断。这不仅有赖于政府应急管理办事机构和辅助部门的信息来源，还需要依赖于专家咨询，甚至民间的信息支持。

（二）清晰界定各类主体在灾害救援与处置中的权责

清晰界定政府、非政府组织、企业等在灾害救援与处置中的权责，是有效开展灾害应急管理的重要环节。要在对各种突发灾害进行合理分类基础上，对各级政府以及政府各部门在灾害应急管理中的权责和救助能力进行科学界定和合理分配。要对各类社会组织和公民进行必要授权，保证他们能够顺利地运用自身资源和其他社会公共资源参与灾害救援与处置。

（三）拓展非政府组织及其他社会力量应急服务平台

各类社会主体参与灾害救援与处置得到授权就意味着承担责任。建议明确相关机构与政府以及非政府组织间的协调与联动，调动尽可能多的非政府组织、志愿者等社会资源参与灾害应急管理。推动全社会形成对志愿服务理念和基本原则的共识。要加强志愿服务组织各项制度建设，尤其是志愿者注册制度、培训制度、激励与服务认证制度、资金募集制度等。要建立健全公众参与志愿服务的平台，发挥志愿服务引导社会成员承担社会责任和实践育人的功能。

（四）建立健全企业参与灾害应急管理机制

应积极吸纳企业参与灾害应急预案的制定，使企业的应急预案与政府的应急预案衔接起来。积极组织各类企业和应急救援队伍开展参与灾害救援与处置的演练，提高他们在灾害突发情况下实施救援、自身防护和协同处置的能力。积极推进灾害救援事业的产业化发展，积极鼓励和支持应急救援企业发展，并按市场经营模式开展运作。

五　加快高原贫困地区基础设施建设步伐

县级以上政府在进行规划时必须将基础设施的抗震力作为编制规划的必要因素，制定规划管理制度时将地质、水文、地震等相关可行性研究列为重要环节，并明确地质、水文情况等对基础设施抗震力影响的可行性研究是规划审批的必备要素。

（一）加强基础设施的抗震标准建设

一方面，国家在宏观层面上进行基础设施抗震的标准化建设；另一方面，地方政府应当针对本地地质结构的不同、地震发生的历史，进行本地基础设施抗震的标准化建设。县级以上政府进行基础设施建设规划时，就自然灾害可能发生的概率及损害程度进行科学预测，使规划为未来的应急管理提供必要准备，尤其是事关应急响应与处置的通信基础设施和交通基础设施。

（二）加强交通基础设施替代力建设，加强通信基础设施替代力建设

政府应急管理部门平时应当动态掌握本辖区内各种通信设施的情况，并通过应急预案将各种通信设施整合，打破平常的垂直管理、条块分割，使政府不同部门、军队、民间的通信设施都能直接使信息第一时间通报到属地管辖的政府及上级政府，以便政府做出高效快速的应急反应。

（三）加强高原贫困地区基础设施恢复力建设

县级以上政府应急管理部门应当建立动态恢复基础设施功能的资源库，并建设高效、直观的信息平台，这一平台应当准确地显示辖区内各种基础设施建设力量的分布，包括本辖区内的建设力量和外来参与工程建设

的其他建设力量。这一平台应当清楚显示每一支建设力量的具体位置、人员数量、设备状况，与灾害发生地的距离、道路情况、到达灾害的估测时间等信息。要通过立法或行政合同的方式，确立政府征用补偿制度，使这些社会资源在灾害发生时能够成为抗击灾害的有生力量。

（四）提高高原贫困地区农牧民住宅的抗灾水平

建议国家以改善高原农牧区人居条件为契机，将防震要求落实到农牧区住房改善工程，提升群众防震能力，从而将自然灾害防范体系落到实处。

六　促进不同民族的文化沟通交流

（一）促进不同民族的语言沟通交流能力

（1）应当加大民族地区教育资源投入，加快民族教育事业发展。切实做好民族地区教育普及，尽最大可能使所有学龄儿童接受学校教育；继续开展扫除文盲、半文盲工作，使有一定学习能力的少数民族青壮年群众可以掌握一定的汉语言文字知识，便于生活、工作交流沟通，有利于脱贫致富；对民族地区双语教学应有全面认识，其不仅指对民族地区在校中小学生开展双语教学，也包含在民族地区工作的国家公职人员乃至企业等经济组织职工等学习民族语言。

（2）构建应急管理少数民族语言沟通机制。少数民族聚集区政府应当吸取玉树地震经验，就本辖区所属少数民族语言沟通情况进行必要的调查了解，对可能发生的应急处置中语言沟通障碍做相应的预案，构建适合本地需要的少数民族语言沟通机制。

（二）积极探索符合民族文化习俗的心理救助模式

少数民族群众有其自身宗教信仰和文化习俗，如果不了解乃至全面认识援助对象的民族文化、宗教信仰，双方很难实现心理沟通。心理援助要充分发挥本土资源优势。心理援助要尽可能通晓援助对象语言。玉树地震发生在偏远的民族地区，当地政府、群众的了解、支持是开展心理援助的前提。最佳选择是提高本地援助力量的规模和水平。要立足当前，谋划长远，要以灾区教师、医生、国家公务员、村（牧）委会成员为主体，以兼职培训为抓手，建设民族地区心理援助队伍。

第八章

西部地区多民族法律文化融合

第一节 民族法律文化基本概念梳理

在研究青海多民族法律文化融合问题之前，有必要对有关民族法律文化的一些基本概念进行必要梳理，以把握研究的切入点，这是问题的基础工作，因为科学研究的首要任务，便是对概念进行分析。

一 法律文化概念

（一）国外学者的观点

关于法律文化概念，美国学者对此有较早研究。美国法学家劳伦斯·弗里德曼在 1969 年发表的《法律文化与社会发展》一文中首次提出了法律文化概念。1975 年弗里德曼出版的《法律制度》一书中全面讨论了法律文化概念。他认为："法律文化一词是泛指一些有关的现象。首先，它是指公众对法律制度的了解、态度和举动模式。人们的感觉和行为是否认为法院是公正的？他们什么时候愿意使用法院？他们认为法律的哪些部分是合法的？他们一般对法律有多少了解？这种态度各人不同，但是我们可以谈一个国家或集团的法律文化……一种特别重要的集团法律文化是法律专业人员的法律文化，即律师、法官和其他在法律制度的神奇圈子里工作者的价值观念、思想意识和原则。"① 1976 年，美国法学家亨利·埃尔曼出版了《比较法律文化》一书。埃尔曼将法律文化定义为个体的意愿与如何发挥法律制度功能之间的环节。他将法律文化看作一种凝结在法律制度中的文化因素，说明法律制度与该制度产生的社会文化有密切的关系。

---

① ［美］弗里德曼：《法律制度》，李琼英等译，中国政法大学出版社 1994 年版，第 227 页。

认为法律文化是传递行为传统的重要工具，法律文化起着一种将个体的意愿与法律制度联系起来以发挥作用的纽带功能。1983 年，美国比较法学家阿伦·沃森在《法律的变迁：法律的渊源与法律文化》一文中也提出法律文化概念，按照他的观念，一种规则如不与法律文化相符就不能变成法律。然而，一种制度的变迁却可以仅仅看作法律文化变化的结果。他认为，在法律变迁的过程中，法律文化对法律及至整个社会的变迁起着先导作用。许多法律问题的争论和最后的决定，并不一定是出于对当前实践的关心，而是由现存法律文化的原则所决定的。[①]

（二）我国学者的观点

20 世纪 80 年代中期我国法学界关于法律文化概念的研究者主要有孙国华、武树臣、刘学灵、郑成良、张文显等人，各学者对法律文化概念的理解在文字表述、范围界定等方面有差异，我们可以分为三类：

第一种观点认为，法律文化就是法律现象的全部，实际上既包括法律内在的因素也包括外在的因素，既包括主观的因素也包括客观的因素，既包括制度的因素也包括观念的因素。从这种观点来看，所谓法律文化就是法律现象的全部要素。

第二种观点认为，所谓法律文化，实际上指法律现象中的主观因素，比如法律意识、观念形态等法律的主观因素，至于法律客观方面的因素则被排除在法律文化之外。

第三种观点认为，所谓法律文化只能是法律意识之中的体现人类关于法律的知识、经验等内容。因此从学者关于法律文化概念的理解来看，至今并没有达成完全的共识。由于不同学者在研究法律文化这一概念时所依据的研究方法和对象等不同，因此，当"文化"这一概念本身很难形成一个定论的情况下，附着于文化之上的"法律文化"存在多种解释是显而易见的。

本书在使用法律文化这一概念时，对国内外相关学者的观点进行了一定的筛选，并特别做出了界定，这就是所谓法律文化，指的是一个国家和民族在法律历史发展过程中所形成的，人们关于法律现象的认识、观念、意识、心理等主观方面的内容，这种主观内容是长期以来的法律实践活动所创造的精神财富，是建立在社会物质生活条件基础之上的法律知识、对

---

① ［美］Susan Finder：《美国的法律文化观点》，郭宝平译，《中外法学》1989 年第 1 期。

待法律的态度以及人们的价值观念。①

二　我国民族法律文化概念

我国自秦汉以来就是统一的多民族国家,不同民族在各自发展中所形成的多元文化格局是中华文化的一个显著特点,与此相应,多元文化造就了法律多元的现象。不同民族有其独特法律文化,表现民族法律文化的各民族民间法调整着民族社会生活的方方面面,使远离国家法的少数民族社会秩序井然。

综观我国几千年来法制发展的历史,不难发现,各个少数民族的法律文化是中国传统法律文化的组成部分。各地区、各民族都对丰富中华民族的法律传统作出了自己的贡献。风格各异的少数民族文化、民情风俗,构成了法律传统的多样性,传统法律文化的多源头是由各民族深厚的社会文化理想所决定的。我国各民族传统文化源远流长,生生不息,内容非常丰富,各种传统的法律观念已经在人们心目中潜移默化。礼治、德治、人治、神治、家族宗法、民间调解等都是传统民族法律文化的表现形式。

我国是一个统一的多民族国家,各民族在长期的历史发展过程中,都形成自己富有特点的法律文化传统。因此在我国讲民族法律文化,实质上首先的意义是中华民族多元一体的法律文化传统,中华民族法律文化中包含各民族共同的法律文化,其次才是指汉族和其他少数民族的法律文化,各民族的特殊性共同构筑了中华民族法律文化的多样性和整体性。长期以来由于受历史的汉族正统观念的影响,学界往往把中原汉族法律文化当作中华民族法律文化的全部内容,这是偏颇的。对少数民族法律文化的研究不够,远远不能满足实践的需要。

第二节　青海多民族法律文化研究概述

一　研究现状

和全国对于少数民族法律文化的研究状况相一致的是,学界对于青海省民族法律文化的研究也非常薄弱。从已经公开的研究成果来看,主要是

---

① 刘作翔:《法律文化理论》,商务印书馆 2001 年版,第 57—65 页。

对少数民族的民间习惯法的一些整理和考察。华热多杰的《关于藏区民间法文化现象的透析》，从民间法的视角对历史上和现实生活中的藏族传统法律文化现象作了分析，认为民主改革前后藏族法律文化的表现形式各具特色，而且它们与国家法的关系不完全相同，因而其社会地位和对社会发生作用的方式也有差异。① 杨士宏的《藏族部落习惯法传承方式述略》一文，认为历史上藏族部落习惯法作为制约部落成员社会行为的规范，曾长期存在于藏区社会，并产生了十分深远的影响。文章认为格言、谚语、寓言故事和史诗是其主要的四种传承方式。② 甘措的《论藏族早期的法律文化》，认为近几年的藏族法律研究上限大多起于松赞干布时，忽略了对松赞干布以前数千年的法律文化生成演变和传承历史的研究。而探讨藏族法律和法律文化的缘起，史前时期和邦国时期的法律文化是一个不可回避的问题，该文对藏族早期的邦国时期的法律文化的缘起及特征进行了初步的探讨。③ 马进虎的《河湟地区回族与汉、藏两族社会交往的特点》，从广义的文化交流（文明交往与对话）的角度，立足河湟地区多宗教并存、多民族杂居的实际，着力研究回汉关系、回藏关系及特征。④ 徐晓光的《论辽西夏金元北方少数民族政权法制对中国法律文化的贡献》，通过对辽西夏金元北方少数民族政权法制内容和特点的分析，认为北方各少数民族政权通过对内地汉族传统与当时政治经验、法律制度、法律观念的学习、效仿，创建了自己的法制，又结合民族的特点和习惯，丰富了民族法制的内容，不仅为中华法律文化的发展注入新的因子，而且为元朝法制的统一和民族法制的进一步发展奠定了基础。⑤ 吐尔逊·沙吾尔的《试论民族法律文化》，认为民族法律文化是各民族人民对法律制度、法律规范、法律机构、法律设施以及立法与执法、合法与非法等各种法律现象的认识、了解、看法、态度、价值观念、信仰、期望和在此基础上所形成的法律意识、法律思想、法律传统的综合。它在形成、发展、变迁过程中，对

---

① 华热多杰：《关于藏区民间法文化现象的透析》，《青海民族学院学报》2004 年第 1 期。

② 杨士宏：《藏族部落习惯法传承方式述略》，《青海民族学院学报》2004 年第 1 期。

③ 甘措：《论藏族早期的法律文化》，《青海民族研究》2006 年第 1 期。

④ 马进虎：《河湟地区回族与汉、藏两族社会交往的特点》，《青海民族学院学报》2006 年第 5 期。

⑤ 徐晓光：《论辽西夏金元北方少数民族政权法制对中国法律文化的贡献》，《西南民族学院学报》2002 年第 7 期。

人类社会的发展起了不同的作用。不同民族有不同的法律文化。当前，我们实施依法治国、建设社会主义法治国家的方针，研究各民族不同的法律文化有重要的意义。①

王勇的《西部生态治理及其本土性制度资源——立足甘青特有民族生态文化的初步探索》，认为甘青特有民族在西北恶劣的自然环境和条件下，能够长期生存、繁衍下来，在很大程度上是基于一种可持续的、稳定的并富有实效的制度性资源在维系着。该文意图并不在着力阐发和梳理民族的生态治理经验并进而为其提供合理性或正当性辩护，而仅仅是立足于此，对当下流行的有关西部环境治理乃至整个环境保护立法的建构理论及研究范式进行一种法社会学和生态哲学的反思。认为，多样性的民族文化和少数民族丰富的生态治理经验在治理生态环境、实现可持续发展方面能够弥补国家环境法制的疏漏和不足；生态治理中的正式制度和非正式制度的良性互动可能对国家环境法制产生积极的构成性影响；同时对中国在西部开发过程中的环境法制的本土化建构进行了初步的探讨和理论前瞻。方乐等的《少数民族法律文化形态与现代化》，认为中国的法制现代化进程不能忽视少数民族地区的法制现代化问题。面对现代型的国家制定法的冲击，民族民间法将怎样完成从传统型向现代型的转化？作者试图从分析传统的少数民族的法律形态以及法律文化的特点入手，借用法治现代化发展模式分析进路，对少数民族法律的转型进行比较研究，指出在民族民间法向现代型法律转化过程中不能忽视本民族的法律文化传统，以及在这个转化的过程中应注意的几个问题。

王佐龙的《中国西部社会法律意识现状分析及现代培植》，分析了中国西部社会的法律意识现状，认为乡村自然经济、封建专制传统以及人情身份观念在西部有丰厚的土壤，注定西部法律意识的非现代性，因此期望制定法就能实现法治社会是不现实的，必须从民情基础出发培养民众的法治观念和精神。②靳越的《论西部大开发与西北民族法律文化的现代化》，认为西北民族法律文化的现代化是摆在我们面前的重要历史任务。法律文化具有传统性，但只有在法律传统与现实的法律制度的本质相一致时，该法律文化传统才会成为这一时代法律文化的组成部分。

---

① 吐尔逊·沙吾尔：《试论民族法律文化》，《西北民族研究》2001 年第 3 期。

② 王佐龙：《中国西部社会法律意识现状分析及现代培植》，《青海社会科学》2001 年第 3 期。

随着我国西部大开发战略的实施，提升西北民族法律文化的现代化程度，是一个日益紧迫的任务，它关系到广大西北少数民族群众对我国法律制度认知程度、西北地区法律环境的改善和西部大开发成功与否。王佐龙的《关于西部农民基本法律意识结构的调查分析》，通过对西宁某村的典型实证分析，认为西部农民法律信仰的生成理应根治于法律的生活化积淀，因此要逐渐改变农民是法治社会边缘人的传统，将他们推向法律生活的前台，以培养法治实现所必需的最深厚的民众基础。王佐龙的《撒拉族习惯法规范的当代运行》，认为以禁忌为核心的习惯法依然是当代撒拉族社会的基本行为规范，特别在解决纠纷、维护社会秩序等领域具有主导性和相当的可持续性。同时，作为一种非正式制度，在国家法制一统的背景下，撒拉族习惯法体现了通过谋求与国家法的契合而寻求正式制度支持的趋势。江合宁的《可持续发展与民族法律文化的继承》，认为民族传统法律文化的整合、复兴和张扬，才是国家法治发展的正确路径。

二　研究存在的问题

尽管学者对我国民族法律文化以及青海省民族法律文化进行了一些研究，取得了一定的成绩，但综观目前的研究成果，还存在一些问题。首先是研究比较零散，作者往往将研究视角集中于某一个民族或者某一个时段进行研究，因此缺乏宏观的总体的把握。其次是缺乏对青海多民族法律文化中不同民族法律文化的冲突和融合研究，仅仅局限于对多元法律文化中一元的个别关注，而忽视了对多元性的总结。再次是在研究过程中并没有将研究上升到法律文化的高度上来看待问题，而是停留在具体的习惯的描述上。最后是研究成果较少，缺乏较系统的整理。

第三节　青海多民族法律文化融合的历史与现状

青海省位于中国青藏高原的东北部，是长江、黄河、澜沧江的发源地。有汉、藏、回、土、撒拉、蒙古等世居少数民族，全省现有 54 个民族成分，民族自治地区面积占全省面积的 98%。青海省位于中国西北地区中部，东部和北部与甘肃省相接，西南部毗邻西藏自治区、东南部与四川省相接，西北部与新疆维吾尔自治区为邻。东西跨 1200 千米、南北纵贯 800 千米，面积 72 万多平方公里。约占中国总面积的 7.5%，居全国第四位。因中国最大的内陆湖青海湖而得名。青海历史发展呈现出明显的多民族法律文化融合特征。

一　秦汉时期青海民族法律文化的融合

根据历史记载，夏商周时代，活动在青海地区的主要是我国西部古代民族之一的羌人，他们过着逐水草而居的生活，主要从事狩猎及原始畜牧业生产，大体上处在原始社会末期向阶级社会过渡的阶段。汉初，匈奴冒顿单于势力强大，河湟地区的羌人臣属于匈奴，匈奴依托羌人，对汉朝北部边疆构成了威胁。

汉武帝元狩二年（公元前121年），汉武帝派骠骑将军霍去病在河西地区抗击匈奴，获胜后设立了河西四郡。此后汉朝军队征伐河湟一带的羌人，修筑西平亭，即今天西宁市。西汉即此开始对青海省东部地区的统治。此后至公元前61年，赵充国在对羌人用兵获胜后，先后在今天湟源县、平安县、乐都县、民和县、贵德县及兰州红古区等地设立行政机构，自此青海省东部地区正式纳入朝廷管制。为了长期统治河湟地区，西汉政府还采用军事屯田，建立郡县，设置护羌校尉、属国校尉等机构，委派官吏等办法，来加强对河湟羌人的控制。后王莽建立西海郡，使汉朝西部疆域深入到青海西部草原。建立西海郡后，王莽在国内增立新法50条，凡有违犯者，强行迁徙到西海地区。被迫迁徙的内地百姓数以万计。[①]

两汉时期生活在青海地区的羌人部落，由于各自所处地区不同，发展程度也是不均衡的。汉武帝时，汉朝军事力量深入河湟羌区，汉宣帝时，汉朝封建政权在河湟地区建立和实行封建土地制度，标志着青海东部地区的社会性质出现了变革，由氏族社会进入了封建社会。其他广大牧区以部落为单位过着以畜牧业为主的游牧生活。两汉时期，随着社会经济的发展和中央集权国家的巩固，各民族之间的联系加强了。大批汉族人通过从军、屯垦、任官、移民等多种途径，从内地进入或长住青海，青海各族人民通过各种途径进入或长住汉族地区，各民族交错杂居的局面开始出现，各族人民的联系交往日益密切，汉族文化西进和各民族文化东入，促进了经济发展和文化繁荣。

可以说，汉朝是青海多民族法律文化融合的重要开端。从汉朝始，青

---

① 王昱：《青海简史》，青海人民出版社2013年版，第18页。

海东部区域已经纳入封建王朝的统治体系，中原法律制度已经对青海部分区域产生了影响。尽管由于资料缺乏，对那个时代的青海地区多民族法律文化相互融合情况很难有切实的证据佐证，但从青海东部地区纳入汉朝体系的事实可以推测当地的各民族或部落之间的法律文化也在互相融合之中。与此同时，纳入汉朝统治的区域与没有纳入汉朝统治的区域之间，也在一定程度上产生融合。由于青海地处汉朝边缘，所以汉朝对青海的统治必然是松散的，多元法律文化的形成也是一种必然的结果。

二　魏晋南北朝时期青海民族法律文化的融合

到公元 4 世纪初期，吐谷浑人迁至今天甘肃省、青海省一带，并以青海为基础建立了吐谷浑王国。其盛兴时期，势力范围不小，东南至四川松潘，北到青海祁连，东到甘肃洮河，西达新疆南部一带，其管辖范围东西约 1500 公里，南北约 500 公里。三国时期，青海东部特别是黄河以南，一直处于魏、蜀双方的拉锯统治之下，直到蜀汉灭亡，魏在青海东部地区的统治才进入一个相对稳定的时期。东晋十六国时，前凉、前秦、后凉、南凉、西秦、西夏、北凉相继统治过青海河湟地区。① 南凉政权大量吸收汉族和其他民族的豪门士族参加各级政权。魏晋南北朝时期的青海，从政区上讲，大致可以分为三块：一是各个朝代和几个民族地方势力争夺的青海东部地区，也就是以湟水流域为中心的海东地区和海北、海南部分地区；二是吐谷浑控制的昆仑山脉以北青海中部和西部柴达木地区，也就是现在黄南、海南、海西三州地及海北州的部分地区；三是青海南部的羌人部落区，即今果洛、玉树两州地，为以党项为代表的分散的羌族各部落所占据。吐谷浑无自己的文字，公文、信件均使用汉文。除上层社会鲜卑人之间使用鲜卑语外，主要组成部分是羌人，仍操羌语。②

在南北朝对峙时期，吐谷浑向北魏、西魏和北周皇帝称臣供奉，接受封号，但又割据一方不受约制，因此常遭讨伐。吐谷浑游牧于荒漠草原，地域辽阔，气候寒冷，北朝军队既无法一举攻灭，也无法长期驻扎，双方只好一而再，再而三的通使讲和。吐谷浑与南朝宋、齐、梁间未发生过战争，一直保持着和平友好的关系。由于同时执行了与南、北两方结好的政

---

① 王昱：《青海简史》，青海人民出版社 2013 年版，第 37 页。

② 同上书，第 51 页。

策，吐谷浑确保了自己的存在与独立，并通过南北往来发展贸易。

吐谷浑由于与汉族和其他民族相互错居，长期接触，受中原文化的影响，在设置百官、分封王侯、修订刑律、征收税赋等方面，吸收了中原王朝的许多统治经验。魏晋以来，青海地区的一些地主豪强和氏族首领，受中原文化的影响，聘请儒生教授子弟，包括吐谷浑和南凉王族子弟，许多人有较高的汉文水平。儒家思想对南凉政治影响很深。①

在这一时期，青海地区的统治者在不断变化。吐谷浑、吐蕃以及东晋十六国都对青海地区进行过统治，这些统治者所实行的法律制度都对青海产生影响，而这些统治者的法律制度显然有很大的区别，频繁的制度变换与多民族轮番执政必将给青海地区的民族法律文化打下烙印，使青海民族法律文化显示多元痕迹。

三　隋唐时期青海民族法律文化的融合

隋朝建立后，青海东北部以湟水流域为中心的地区归隋朝统治，开皇三年（583年），隋文帝杨坚对地方行政制度进行了改革，改州、郡、县三级为州、县两级。青海东部农业区在北周时有2州4郡7县，开皇三年合并设2州4县，即鄯州，辖西都、广威2县；廓州，辖河津、达化县。主要范围为今民和县、化隆县、乐都县、贵德县、同仁县、尖扎县、循化县及西宁市等地。除上述河湟地区外，今青海省内其他地区当时不属于隋王朝直接管辖，而是党项等羌族与吐谷浑的属地。②

隋朝初期，吐谷浑不断侵扰隋朝边境，后以隋文帝应允光化公主嫁与吐谷浑王，双方维持了一段时间的和平。大业五年（609年），隋炀帝西巡，成功征服吐谷浑，疏通了丝绸之路，发展中西贸易。隋炀帝继王莽在青海湖地区设立西海郡之后在吐谷浑故地设置郡县，使中原封建王朝直接统辖地区伸向整个青海北半部，这对推进青海历史发展有重要意义。

唐朝时期，青海东部多民族杂居，经济、文化相对落后，但作为唐帝国的西陲边地，先后直接与吐谷浑和吐蕃接壤，战略地位十分重要，朝廷重视对河湟地区的统治，设立行政建制，选派有经验的官吏，同时非常重视这一地区的军事建设。

---

① 王昱：《青海简史》，青海人民出版社2013年版，第59页。
② 同上书，第68页。

吐谷浑被吐蕃灭国后，吐蕃占领了吐谷浑属地。后唐和吐蕃和亲，为汉藏两族人民的友好往来奠定了基础。据统计，自634年（唐太宗贞观八年）到846年（唐武宗会昌六年）的两个多世纪中，唐朝出使吐蕃66次，吐蕃出使唐朝125次。唐和吐蕃双方的关系基本是以友好为主，同时为了各自利益和需要，双方的战争也很频繁，许多次就发生在青海境内。①

吐蕃占领青海后，这里原有的汉、羌、鲜卑等族同吐蕃长期杂居交往，互相吸收，互相影响。同时随着佛教在青海地区的影响不断加强，使得青海民族法律文化呈现多元色彩。在吐蕃时期，青海尤其是青海东部地区是吐蕃与中原集权统治的交界地带，是中原法律文化与吐蕃法律文化的融合地。吐蕃王朝时期法律文化对青海多民族法律文化的影响至今犹存，青海省藏族聚集区与青海东部地区之间在法律文化上存在较大差异，这种差异在民族习惯法和风俗习惯方面均有所反映。

四　宋金西夏元时期青海民族法律文化的融合

五代十国青海吐蕃部落分散，不复统一。以青唐城（今西宁）为中心，在河、湟、洮地区建立了以吐蕃为主体的宗教地方政权。宋朝建立后，结束了自中唐以来分裂割据的局面，重新建立了统一的中央集权国家。宋初，北边与辽对峙，西北有日益强大的西夏的威胁，宋王朝一时无力顾及河湟地区。公元1099年，河湟地区为中央王朝所收复。鉴于吐蕃人的强烈反抗和宋军粮饷供应紧张，宋廷决定将湟水流域的军队分期分批撤出。公元1104年，宋改鄯州为西宁州，这便是今青海省会——"西宁"一名之始。西夏人占据河湟地区时，仍沿宋、金旧址，设西宁州（治今西宁市）、乐州、廓州。蒙古势力进入河湟地区后，金、夏两国对青海东部地区的统治即告结束。

元朝统治中国后，其地方行政制度大体仿照宋、金旧址。随着中央王朝的日益巩固和各种管理机构的逐步健全，元中央政府对吐蕃地区的管理也不断改善，其措施之一就是笼络有威望的佛教领袖，利用他们在社会上的地位进行有效统治。元朝对整个青藏高原的统治，使青海南部地区和西藏一样，从此统一于一个中央政府的直接管理之下。元代大量回族入居青

---

① 王昱：《青海简史》，青海人民出版社2013年版，第80页。

海，回族传统法文化对青海省乃至中原地区产生了深刻影响。① 自元代以来，佛教和伊斯兰教在青海地区盛行，对各族人民的思想、文化，乃至经济生活产生了深远的影响，特别是元代扶持藏传佛教，对青藏高原及蒙古草原后来几个世纪的政治产生了重大影响，对推进政教合一的制度创造了条件。

五　明清时期青海民族法律文化的融合

明初，安定、阿端、曲先、罕东四卫，归西宁卫节制，史称"西宁塞外四卫"，与明廷在嘉峪关以西设置的沙洲卫、赤斤卫、哈密卫，统称"关西七卫"。塞外诸卫均由其部落首领担任卫官，职位世袭，在辖区内拥有民政、司法、军事等所有权力。他们的属民不列入国家户籍，朝廷既不派流官治理，也不派兵驻扎。部落内部因俗而治。河湟地区实行"土汉参治"。河湟地区降服明朝的元朝官吏和部落头人，在地方上有着一定的势力和影响，明王朝要稳定少数民族聚居的河湟地区，在许多方面倚重他们。对这些故元官吏和部族首领封授官职，称为土官。土官由兵部任命，承担保卫边塞，守卫地方以及朝贡、纳税、奉调率部出征的义务。土官可以世袭，子弟世代相传。由于明朝根据青海多民族杂居、经济文化比较落后的特点，采取了一系列因地制宜的政治措施，因此很快出现了政局稳定、边防巩固的局面。

清朝初期，推行土司制度，改变行政建置，加强军事防御，重视牧区治理，扶持藏传佛教。清雍正初年，罗卜藏丹津反清斗争失败后，清朝在青海设置青海办事大臣，统辖蒙古 29 旗和青南玉树地区、果洛地区及环湖地区的藏族部落。青海东北部西宁卫改为西宁府，仍沿袭明朝的土司制度，属甘肃省管辖。②

这一时期，青海地区与中原之间的关系更加紧密，中央政府加强了对青海的统治，但明清时期实行于青海地区的法律制度与内地有明显区别，诸如土官制度等，而且中央政府往往根据青海地方特点使民族习惯法在一定程度上发挥着很大作用。青海多民族法律文化融合特征依然非常明显。

---

① 马克林：《回族传统法文化研究》，中国社会科学出版社 2006 年版，第 119 页。
② 王昱：《青海简史》，青海人民出版社 2013 年版，第 148 页。

六　马家军阀统治时期青海民族法律文化的融合

1912 年北洋军阀政府任命马麒为西宁总兵，1915 年又任命其为蒙番宣慰使和甘边宁海镇守使。从此，马家军阀统治青海近 40 年。1928 年 9 月 5 日，南京国民政府决定新建青海省，省会西宁。1929 年 1 月，青海省正式建制。到 1949 年 9 月 5 日，西宁解放之前的 40 年间，青海主要由马步芳军阀统治。

从历史上来看，马家军阀统治青海时间较短，但由于马家军阀统治时期是封建时期的青海最后的统治者，因此马家军阀的法律制度和统治模式对青海民族法律文化的影响也很大，而且马家军阀由于其民族和宗教特征，更使青海民族法律文化呈现出多元化特征。

从总体上来看，青海发展的历史就是当地政权与中原集权国家冲突与融合、本地居民与外来部族冲突与融合的过程，青海的统治者始终处于不断的更迭之中，这种更迭与中原统治者的变换有一定的关联性，但并不完全同步，而且有多个少数民族曾在青海建立政权或管辖过青海地区，诸如吐谷浑、吐蕃、金、夏乃至马家军阀，这种历史势必造就青海民族法律文化的多样性。除此之外，青海地区在很多时期都是各统治政权的边缘化地带，各统治政权对青海的政治、法律影响相对比较薄弱，为保留多元民族法律文化提供了条件，造就了多民族共同生活、互相包容、互相融合的法律文化基础。

七　青海多民族法律文化融合的现状

如果我们对青海省多民族法律文化的现状进行总体的描述，我们可以确定多元法律文化的共存是一个明显的特征。这是青海民族法律文化融合的一个典型表现。在多元法律文化的共存中，不同法律文化之间既存在着一定的冲突，也必然存在着融合。

（一）当代主流法律文化

新中国成立以来，我们的法律制度发生了翻天覆地的变化，从政策引导到观念创新到法制建设，都在一定程度上对传统产生了巨大的影响。在一段时期里传统的法律文化基本上被否定。但法律文化的否定并不一定能够如制度一样在很短的时间里产生效果，因为法律文化不是表面的现象，而是深层的内在的东西，所以那些被否定的法律文化并没有完全消失，只是在短期内没有发挥作用。法律文化的改变并不是简单的行政命令和政府愿望能实现的，而是一个长期的复杂的过程。虽然传统的法律文化依然存在，但新中国成立以来的制度变革中，主流法律文化已经形成并开始发挥积极作用。主流法律文化随着社会的进步和制度的变革已经成为青海地区法律文化的基础。尤其是改革开放以来，青海地区尤其是青海东部以及海西等经济发展较快的地区，主流法律文化已经占主导地位。当代法律文化与传统法律文化之间有着显著的区别。当代主流法律文化是法治现代化进程中所形成的有中国特色的社会主义的法律文化，是目前在依法治国进程中所培育和形成的与制度有密切关系的法律文化。

（二）传统汉族法律文化

从青海多民族法律文化发展历史过程的描述中我们可以看出，中原主流法律文化从汉朝开始就一直不断地对青海地区以制度方式施加影响，通过制度的变迁以及制度变迁中人口的流动和青海地区尤其是青海东部地区的汉化过程中，中华法律文化的主流文化逐渐地在青海地区产生影响，这种影响和传播过程在历史上是以渐进和渐强的方式来实现的。但青海地区的中原主流法律文化与真正的中原法律文化应该有一定的区别。因为这种汉族为主流的法律文化在产生和发展过程中必将和青海地区的实际相结合才可能在本地区产生影响和作用。相对于中原主流法律文化，青海地区的汉民族法律文化可能更多一些包容和谦让，对社会生活的影响作用更弱一些，因为历史中很多朝代对青海地区并没有严格地推行在中原地区所实行的法律制度，而是结合青海地区做了许多变革，这种制度下的法律文化必然在长期的熏陶中产生新的内容，或者说这种适合青海地区的制度是为了满足或适应青海特殊的民族法律文化的需要而设定。在当代社会中，我们发现，传统的中原法律文化依然存在，依然是青海多元法律文化中的一个重要的方面。

（三）少数民族的传统法律文化

青海地区现有 54 个少数民族成分，少数民族人口占全省总人口的47%以上。其中藏族、回族、蒙古族、土族、撒拉族 5 个世居少数民族人口比例较高。从青海历史发展我们已经了解到青海地区的汉化过程是一个边缘化的过程，封建王朝在青海地区推行制度时基本上并不严格贯彻其在中原地区的封建制度，而是根据青海实际推行特殊制度，再加上青海地区地广人稀，集权制度并不一定非常有效，所以青海地区的各少数民族依然能够保留传统的习惯和生活方式，民族习惯法在一定程度上发挥着作用。因此各少数民族的传统法律文化在当代社会依然存在，成为青海多元法律文化中一个重要方面。由于青海地区少数民族族别数量多，占总人口比重较大，再加上少数民族聚居和杂居情况复杂，各少数民族在长期的生活中，既保留了本民族独特的习惯和价值，又为了适应和其他民族的交往而做了一定程度的变通和融合，使青海多民族法律文化呈现多样化和融合性特征。学者对藏族习惯法以及藏族法律文化、回族习惯法和法律文化、土族习惯法和法律文化、蒙古族习惯法和法律文化、撒拉族习惯法和法律文化做了初步的研究。

第四节　青海多民族法律文化的现代化

一　青海多民族法律文化现代化的必要性

（一）现代化是当代青海多民族法律文化融合之方向

回顾青海多民族法律文化融合的历史是为了更好地推进当代中国法治建设，当代中国社会的经济基础和制度现实已经发生了根本的变化，这种变化必然引起民族法律文化的演变，而且，现实要求法律文化来支撑这种变化。当代青海多民族法律文化的融合建立在经济现代化和制度现代化的基础上，因此，民族法律文化也随着社会发展和变化而步入现代化之行列。当代青海地区多民族法律文化的融合已经成为必然趋势，而这种趋势的发展方向就是青海民族法律文化的现代化。

（二）民族法律文化是中华法律文化的一个重要组成部分

民族法律文化作为一种现象不仅昭示着历史性的存在，而且对现在甚至将来发生作用，在这种情况下，我们研究民族法律文化问题，不仅要考察这种现象的过去，还必须关注这种现象对现在甚至将来社会的影响。而且，民族法律文化的现代化并不以人的意志为转移，这种社会存在有自身的规律和变革的动力，社会在变革，法律文化也在变革，我们所能够做的就是让这种变革朝着有利于社会发展和进步的方向进行。青海省多民族法律文化是中华民族法律文化的一个重要组成部分。而且就青海地区的历史发展来看，青海地区的多民族法律文化有一定的特殊性，在民族地区法律文化中有一定的代表性和典型性。

（三）现代化是发展地区社会经济的需要

新中国成立以来，中国的社会经济发生了巨大的变化，尤其是改革开放以来，中国社会所发生的变化更是翻天覆地的。这种变化不仅体现在社会、经济、政治、法律等方面，也体现在法律文化方面。但同时，法律文化作为深层次地制约制度实效的一个重要方面对社会经济的发展产生了反作用。由于地理条件、区位劣势等方面的原因，青海地区在社会经济等方面与中原地区尤其是沿海经济发达地区产生了很大的差距，尽管随着国家西部大开发政策的逐步实施，青海的发展速度加快，但同时也暴露出一些自身存在的传统民族法律文化的缺陷和弊端。先进的制度在实施过程中总是会遭遇一些尴尬，民族地区法治进程迟缓，影响社会经济的发展速度和发展质量。原因是多方面的，但传统民族法律文化与现代法治之间的冲突无疑是一个重要方面。要加快社会经济发展，就必须剔除传统民族法律文化中的一些糟粕，必须改良传统的民族法律文化。① 另外，我们在制度实施中，必须尊重少数民族的风俗习惯和宗教信仰，为此，必须深入研究民族法律文化，在二者之间找到最佳平衡点。

（四）法律文化现代化是推进地区法治建设的需要

青海传统民族法律文化中固然有积极的一面，但同时我们无法否认这种法律文化中有专制的落后的因素，民主观念、人权意识、平等观念薄弱，人治甚至神治传统浓厚。这种传统民族法律传统与中国当代法治建设，全面推进依法治国的基本方略有一定的冲突。在推进民族地区的法治建设过程中，对青海多民族法律文化进行整理、分类，对其中有利于当代法治建设的内容加以发扬，对那些不利于依法治国的内容进行必要的改良甚至予以摒弃，是民族地区法治现代化的重要工作。因此，研究青海多民族法律文化是推进本地区法治建设的需要。

二　青海多民族法律文化现代化的原则

（一）尊重历史的原则

在青海多民族法律文化现代化的进程中，必须尊重青海多民族地区发展的历史，青海多民族法律文化是历史的产物，是青海各族人民在长期的历史发展中所积累的精神财富和文化积淀，其中既有已经过时的不符合现

---

① 周伟洲：《西北少数民族多元文化与西部大开发》，人民出版社 2009 年版，第 282 页。

代法律观念的内容，也有积极的对现实有价值的内容。在看待民族法律文化中某些在专制体制下滋生的腐朽内容时，必须本着历史的态度，对其性质做明确的认定，必须将其同产生这种现象的历史结合起来。必须以发展的观点来看待，不能将其与当代的民族法律文化等同起来。只有在历史的视角下，才可能真正全面了解民族法律文化及其现代化的意义。

（二）挖掘民族传统法律文化有益价值的原则

在民族法律文化现代化进程中必须考虑研究的现实意义和历史意义，尤其要注重对民族法律文化中精华的汲取。在研究过程中，放弃对传统法律文化的猎奇心理，不能一味地对传统法律文化中一些新奇的内容抱着玩味心态，而是应当着力挖掘传统民族法律文化中有价值的东西，这是现代法治建设的迫切需要，是推动民族地区法治建设的关键一环。青海多民族法律文化内涵丰富，形式多样，多民族法律文化融合对构建社会主义和谐社会，全面推进依法治国具有不可替代的作用。这应当是研究的出发点，也是研究的目的。

（三）共同繁荣共同进步的原则

我们必须坚定不移地贯彻汉族离不开少数民族，少数民族离不开汉族，各少数民族互相离不开的基本民族政策。青海多民族法律文化现代化建设就是为了各民族共同繁荣共同进步，这是民族法律现代化的基本要求。民族法律文化现代化不是将民族法律文化完全纳入汉族法律文化，也不是将所有民族法律文化改造成一致的同样的一种法律文化，而是使中华民族的法律文化体系丰富多彩，各种民族文化各具特色，又能够互相融合。

三　青海多民族法律文化现代化的路径

（一）现代法律文化的教育

综观青海多民族法律文化现象，我们发现，许多传统民族法律文化之所以与当代法治建设的要求有较大差距甚至是相反，其原因是历史所造成的，青海民族地区群众缺乏接受现代教育的经历和机会。法律文化在一定程度上带有很强的主观性，如果主体本身无法接触现代文化观念，则其法律文化必然无法形成现代化。改革开放以来，由于加大了对民族地区文化教育的投入，许多少数民族群众已经走出故土，迈向城镇，甚至走出高原到沿海经济发达地区学习或就业，这些人的法律观念已经从传统走向现代。他们已经对传统有了更清醒的认识和反思。可以说，教育是推动民族法律文化现代化的主要路径。

（二）国家法与传统民族法律文化有机结合

在多民族地区，国家法的推行确实有相当的难度，这一点，从青海地区某些民族习惯法依然影响执法、司法的现象就能够说明。但另外，我们同样要考虑，当代中国法治建设中也存在某些与现实并不完全适应的东西，在国家法的推进中，是否与多民族法律文化进行了有机的结合。因为只有将二者有机结合起来，才可能在法律的实施方面发挥更好的效果。从青海实际来看，如何贯彻民族区域自治法律制度，保障各民族合法权益，是民族法律文化现代化的重大课题。①

（三）积极推动民族地区经济发展

经济基础决定上层建筑，这是马克思主义的真理。青海多民族传统法律文化是建立在传统的落后的自然经济基础上的观念，如果经济基础不发生变化，观念的变化很难落到实处。改革开放以来，青海各族群众精神面貌发生了很大变化，其生产方式和生活方式也在发生变化，思想观念的变革也是必然的。各族群众之间的经济交往日益频繁，与其所处的生存环境之外的联系日新月异，这种变革是青海历史中从未有过的。从近几年的情况来看，外出务工的少数民族群众越来越多，青藏铁路的开通使身处高原腹地的群众看到了外面的世界，三江源保护的逐步推进为该地区少数民族群众的发展和融合提供了有利条件，各项措施的实施为他们的生活现代化提供了必要的基础。可以说，青海地区少数民族群众在生活发生变化的同时，其思想观念也在发生碰撞、冲突、融合。在这种情况下，民族法律文化的现代化已经是必然选择。为此，必须抓住国家西部大开发的有利时机，努力使各族群众尽快脱贫致富，夯实民族法律文化现代化的经济基础。

（四）规范法律运行是推动民族法律文化现代化的有效途径

法律运行是包括立法、执法、司法和法律监督的动态过程，在推动民族地区法律文化的现代化进程中，规范的法律运行对改变少数民族群众的观念有直接的示范作用。通过规范法律运行，使少数民族群众在与法律的直接接触中感知和接受现代法律文化的熏陶，从而使他们在对传统法律文

---

① 马克林：《回族传统法文化研究》，中国社会科学出版社 2006 年版，第 305 页。

化与现代法治文明进行比较的过程中主动接纳现代法治。为此，我们必须对少数民族地区的地方立法、执法和司法和法律监督有严格的要求，法律运行的主体必须有足够的耐心和丰富的现代法律与传统法律文化知识，对那些与法律近距离接触的少数民族耐心讲解和宣传，使他们在解决自己纠纷的同时能够认识现代法律，以点带面式地进行现代改良。

参考文献

一 著作

［1］杨树明：《生态环境保护法制研究》，西南师范大学出版社 2006 年版。

［2］赵绘宇：《生态系统管理法律研究》，上海交通大学出版社 2006 年版。

［3］王作全：《三江源区生态环境保护法治化研究》，北京大学出版社 2007 年版。

［4］赵学清：《生态环境保护的国际法理论与实践》，厦门大学出版社 2006 年版。

［5］崔永宏、张生寅：《明代以来黄河上游地区生态环境与社会变迁研究》，青海人民出版社 2008 年版。

［6］曹明德：《生态法新探》，人民出版社 2007 年版。

［7］中国生态补偿机制与政策研究课题组编著：《中国生态补偿机制与政策研究》，科学出版社 2007 年版。

［8］曾培炎：《西部大开发决策回顾》，中共党史出版社、新华出版社 2010 年版。

［9］周天勇、张群：《青海黄河谷地发展战略》，中国水利水电出版社 2007 年版。

［10］费孝通：《乡土中国》，生活·读书·新知三联出版社 2005 年版。

［11］杨发仁：《西部大开发与民族问题》，人民出版社 2005 年版。

［12］王允武、田钒平：《西部开发背景下民族地区经济法制问题研究》，中央民族大学出版社 2008 年版。

［13］文正邦、付子堂：《区域法治建构论：西部开发法治研究》，法

律出版社 2006 年版。

[14] 丁任重：《西部资源开发与生态补偿机制研究》，西南财经大学出版社 2009 年版。

[15] 宋才发等：《中国民族自治地方经济社会发展自主权研究》，人民出版社 2009 年版。

[16] 刘志坚：《西部大开发与行政法制现代化研究》，中国社会科学出版社 2007 年版。

[17] 林钧昌：《城市化进程中的城市民族问题研究》，中央民族大学出版社 2009 年版。

[18] 蒋连华：《当代中国城市民族关系研究》，民族出版社 2011 年版。

[19] 单菲菲：《城市多民族社区管理模式研究》，中国社会科学出版社 2011 年版。

[20] 马戎：《中国少数民族地区社会发展与族际交往》，社会科学文献出版社 2012 年版。

[21] 杨公卫：《村落终结与乡土重建：西藏拉萨城市化进程中柳梧村失地农民文化观念变迁研究》，民族出版社 2012 年版。

[22] 金炳镐：《民族理论通论》，中央民族大学出版社 2007 年版。

[23] 江曼琦：《少数民族经济发展与城市化问题研究》，经济科学出版社 2009 年版。

[24] 陆平辉：《散居少数民族权益保障研究》，中央民族大学出版社 2008 年版。

[25] 邹敏：《论民族区域自治权的源与流》，中央民族大学出版社 2009 年版。

[26] 雷振扬：《散杂居民族问题研究》，民族出版社 2010 年版。

[27] 高晋康、何霞：《汶川大地震灾后恢复重建重大法律问题研究》，法律出版社 2009 年版。

[28] 青海省行政学院课题组：《玉树地震应急处置与救援阶段工作评估报告》，青海人民出版社 2012 年版。

[29] 刘澎：《国家宗教法律》，中国社会科学出版社 2006 年版。

[30] 张禹东、刘素民：《宗教与社会》，社会科学文献出版社 2008 年版。

［31］金泽、邱永辉主编：《中国宗教报告（2012）》，社会科学文献出版社 2012 年版。

［32］王作安：《中国的宗教问题和宗教政策》，宗教文化出版社2009 年版。

［33］任杰、梁凌：《中国的宗教政策——从古代到当代》，民族出版社 2006 年版。

［34］刘作翔：《法律文化理论》，商务印书馆 2001 年版。

［35］瞿同祖：《中国法律与中国社会》，中华书局 2003 年版。

［36］马克林：《回族传统法文化研究》，中国社会科学出版社 2006年版。

二　期刊论文

［1］沈绿野、康宏康：《论环境法理念的变迁对国际环境法的影响》，《河北法学》2004 年第 12 期。

［2］焦盛荣：《综合生态系统管理与我国生态环境保护的立法理念》，《甘肃理论学刊》2007 年第 3 期。

［3］张志泉：《可持续发展与环境保护立法研究》，《湖北社会科学》2004 年第 8 期。

［4］唐双娥：《论我国生态林地和生态草地保护的立法完善》，《求索》2006 年第 11 期。

［5］李亚平：《对生态旅游环境保护法律对策的思考》，《中共伊犁州委党校学报》2007 年第 2 期。

［6］陈晓景：《全球化背景下完善中国环境保护法律制度的若干思考》，《河南社会科学》2006 年第 2 期。

［7］常丽霞：《关于西部生态保护立法若干问题的思考》，《开发研究》2008 年第 4 期。

［8］张志泉：《可持续发展与环境保护立法研究》，《湖北社会科学》2004 年第 8 期。

［9］陈晓景：《流域生态系统管理立法研究》，《中州学刊》2006 年第 4 期。

［10］梅宏：《论我国生态保护立法及其完善》，《中国海洋大学学报》2008 年第 5 期。

［11］苏永生：《青藏高原地区生态保护立法模式的确立》，《河池学院学报》2008 年第 4 期。

［12］张立、王作全等：《三江源自然保护区生态保护立法基本理念研究》，《青海民族学院学报》2007 年第 5 期。

［13］李爱年：《生态保护立法体系存在的问题及完善的建议》，《中国人口资源与环境》2002 年第 5 期。

［14］杜群：《我国国土资源立法在生态保护方面的局限》，《环境保护》2005 年第 6 期。

［15］蔡守秋：《综合生态系统管理法的发展概况》，《政法论丛》2006 年第 3 期。

［16］任凤珍：《我国矿区环境保护的法律思考》，《河北法学》2007 年第 2 期。

［17］胡志斌：《我国农业环境保护的法律思考》，《科技与法律》2007 年第 3 期。

［18］顾贵学：《新生态伦理观与环境法的发展》，《环境与可持续发展》2006 年第 3 期。

［19］吴献萍：《新农村建设与农民环境权法律保护》，《昆明理工大学学报》2007 年第 5 期。

［20］施文正：《中国草原环境法律保护的历史和现状》，《广播电视大学学报》2004 年第 4 期。

［21］刘青：《江河源区复合生态系统研究》，《江西社会科学》2007 年第 2 期。

［22］张立：《公众参与自然保护区执法的法文化基础探析》，《青海民族研究》2006 年第 4 期。

［23］王艳、程宏伟：《西部矿产资源开发利益矛盾研究综述与展望》，《成都理工大学学报》2011 年第 1 期。

［24］肖红波、庄万禄：《民族地区资源开发与收益共享新模式调查》，《西南民族大学学报》2010 年第 11 期。

［25］王志强：《建立我省矿产资源有偿使用制度》，《青海经济研究》2009 年第 5 期。

［26］白永秀、赵伟伟：《新一轮西部大开发的背景、特点及其措施》，《经济体制改革》2010 年第 5 期。

［27］陈栋生：《中国西部大开发 10 年回顾与前瞻》，《云南财经大学学报》2010 年第 1 期。

［28］申振东：《新一轮西部大开发的新态势》，《中共中央党校学报》2010 年第 5 期。

［29］韩保江：《新一轮西部大开发政策的调整与创新》，《国家行政学院学报》2010 年第 6 期。

［30］郑信哲：《浅谈我国城市民族的现状及发展态势》，《中央民族大学学报》1996 年第 3 期。

［31］沈林：《关于城市民族工作中的几个理论与实践问题》，《中国民族》2002 年第 3 期。

［32］汤夺先：《论城市少数民族的居住格局与民族关系———以兰州城市回族为例》，《新疆大学学报》2004 年第 3 期。

［33］周竞红：《城市民族关系的结构变化与调整》，《中央民族大学学报》2001 年第 6 期。

［34］周竞红：《少数民族流动人口与城市民族工作》，《民族研究》2001 年第 4 期。

［35］王有星：《对我国城市民族关系的若干思考》，《广播电视大学学报》2000 年第 2 期。

［36］陈乐奇：《我国城市民族关系问题及其对策研究》，《中南民族大学学报》2006 年第 5 期。

［37］杨军昌：《论西北少数民族人口流动问题》，《黑龙江民族丛刊》2007 年第 2 期。

［38］金春子：《城市少数民族流动人口与城市民族工作》，《中国民族》2002 年第 3 期。

［39］林钧昌：《城市化进程中的城市民族工作》，《西南民族大学学报》2004 年第 12 期。

［40］范军：《我国城市民族立法工作中存在的问题及对策研究》，《理论月刊》2011 年第 3 期。

［41］陈乐奇：《我国城市民族关系问题及其对策研究》，《中南民族大学学报》2006 年第 5 期。

［42］邓行：《试论当前城市民族工作的主线》，《中南民族大学学报》2008 年第 4 期。

［43］汤夺先：《论城市民族通婚与城市民族关系——以兰州市为例》，《中南民族大学学报》2007 年第 4 期。

［44］李吉和、周彩云：《我国中东部地区城市民族关系特点刍议》，《中南民族大学学报》2007 年第 4 期。

［45］刘超祥：《20 世纪 80 年代以来我国城市民族研究综述》，《中南民族大学学报》2005 年第 1 期。

［46］郑信哲、张红：《关于城市民族问题的研究述评》，《黑龙江民族丛刊》2010 年第 5 期

［47］王绚：《将青海作为青藏高原生态安全试验区的设想》，《青海社会科学》2008 年第 2 期；

［48］青海省移民安置局、青海民族大学课题组：《青海境内黄河上游水库移民问题》，《青海经济研究》2009 年第 6 期。

［49］余韬：《论区域协调中政府合作协议的法律规制》，《广西政法管理干部学院学报》2008 年第 3 期。

［50］褚添有、马寅辉：《区域政府协调合作机制：一个概念性框架》，《中州学刊》2012 年第 9 期。

［51］旮国江、安树伟：《兰西格经济区划研究》，《经济问题探索》2011 年第 12 期。

［52］王明成：《汶川地震灾后恢复重建中的宅基地法律问题研究》，《社会科学研究》2009 年第 1 期。

［53］韩志红：《地方政府之间合作的制度化协调——区域政府的法治化路径》，《北方法学》2009 年第 2 期。

［54］王建平：《灾民身份的认定与灾后重建救助协调》，《中国司法》2008 年第 8 期。

［55］中国政法大学课题组：《5·12 汶川特大地震灾后和谐重建法律与政策建议》，《行政法学研究》2009 年第 2 期。

［56］张琴：《我国的志愿者服务立法亟待完善》，《南京人口管理干部学院学报》2009 年第 1 期。

［57］中国政法大学课题组：《灾后重建之法律问题研究》，《中国政法大学学报》2009 年第 4 期。

［58］郑显芳：《论灾后重建中的城乡规划法的生态化》，《西南民族大学学报》2009 年第 3 期。

［59］赵兵：《日本灾后重建的经验教训及对我国的启示》，《西南民族大学学报》2008 年第 9 期。

［60］李连祺：《汶川地震灾后区分所有建筑物重建制度研究》，《法商研究》2008 年第 5 期。

［61］许正钢、杨春林：《5·12 大地震所涉民事法律问题的理论分析》，《法制资讯》2009 年第 1 期。

［62］中国科学院学部：《5·12 汶川大地震灾后重建若干问题的咨询与建议》，《中国科学院院刊》2009 年第 2 期。

［63］赵文闯等：《对灾后重建工程项目管理体系的探讨》，《项目管理技术》2009 年第 2 期。

［64］赵铮等：《关于汶川大地震灾后重建的建议》，《生态环境》2009 年第 3 期。

［65］刘燕：《论灾后重建临时组织模式和成员管理创新》，《华东理工大学学报》2009 年第 1 期。

［66］李映东等：《日本与台湾震后重建的经验教训及对我国的启示》，《电子科技大学学报》（社会科学版）2009 年第 2 期。

［67］詹存卫等：《汶川地震灾后重建城镇体系规划环评探讨》，《环境保护》2008 年第 18 期。

［68］郑伟元：《汶川地震灾后重建土地利用规划的思考》，《中国土地科学》2009 年第 1 期。

［69］徐春夏：《重视灾后重建中的干部培训问题》，《领导科学》2009 年第 4 期。

［70］初建宇等：《构建我国综合防灾法律体系的探讨》，《防灾科技学院学报》2009 年第 1 期。

［71］李勃：《国内外青年志愿者工作机制比较研究》，《中国青年研究》2009 年第 4 期。

［72］田思源：《我国志愿服务立法的现状及构想》，《法学》2008 年第 5 期。

［73］傅辰源：《关于志愿者保障的几点思考》，《前沿》2008 年第 10 期。

［74］龚学智：《论西部大开发与我国的民族宗教问题》，《宁夏社会科学》2001 年第 1 期。

［75］葛少芸：《略论新时期民族法律制度建设的特殊功能》，《西北民族学院学报》2000 年第 3 期。

［76］拉毛措等：《用中华民族意识凝聚青海各民族问题的调研报告》，《青海社会科学》2005 年第 4 期。

［77］丁柏峰：《明代对河湟地区经营及其效果》，《青海社会科学》2006 年第 6 期。

［78］王友富：《青海西羌部落衰败原因探析》，《青海民族研究》2004 年第 4 期。

［79］朱普选：《青海历史文化的地域特点》，《西藏民族学院学报》2005 年第 5 期。

［80］单菲菲：《青海土族地区的土司制度及其影响》，《青海民族研究》2004 年第 2 期。

［81］徐晓光：《制度、思想、器物——地方少数民族法律文化刍议》，《贵州师范大学学报》2007 年第 3 期。

［82］华热多杰：《试析民间法的法理依据和社会基础》，《青海师范大学学报》2007 年第 1 期。

三 学位论文

［1］卓英仁：《论国际环境法发展趋向及对中国环境法的影响》，博士学位论文，中国政法大学，2005 年。

［2］那力：《国际环境法的新理念与国际法的新发展》，博士学位论文，吉林大学，2007 年。

［3］迟丽华：《中国城市民族工作的理论与实践探究》，博士学位论文，中央民族大学，2006 年。

［4］张勇：《中国城市民族区的研究》，博士学位论文，中央民族大学，2008 年。

［5］满强：《基于主体功能区划的区域协调发展研究》，博士学位论文，东北师范大学，2011 年。

［6］姜津津：《论环境法的区域控制原则》，硕士学位论文，武汉大学，2004 年。

［7］徐卫进：《区域生态保护的立法研究》，硕士学位论文，昆明理工大学，2004 年。

［8］周强：《三峡库区生态立法研究》，硕士学位论文，西南政法大学，2007 年。

［9］赵建林：《生态补偿法律制度研究》，硕士学位论文，中国政法大学，2006 年。

［10］张时空：《城市化进程中的城市民族关系研究——以呼和浩特市为例》，硕士学位论文，内蒙古师范大学，2005 年。

［11］方泽：《当代中国城市化进程中的城市民族问题》，硕士学位论文，中央民族大学，2005 年。

［12］张玉玲：《西北民族自治区城市民族关系研究——以乌鲁木齐市和银川市民族关系为例》，硕士学位论文，西北民族大学，2006 年。

［13］郭武：《西北地区湿地生态系统保护立法问题初探》，硕士学位论文，兰州大学，2007 年。

［14］丁浩：《区域行政立法问题研究》，硕士学位论文，复旦大学，2011 年。

［15］戴军：《对澜沧江—湄公河次区域生态问题的立法思考》，硕士学位论文，昆明理工大学，2004 年。

［16］王浩：《区域性环境行政管理机构的立法构架》，硕士学位论文，华中科技大学，2005 年。

［17］龚坚：《当代中国城市民族工作的困境与应对策略》，硕士学位论文，厦门大学，2007 年。

后　记

　　本书是笔者主持的国家社科基金一般项目"新一轮西部大开发中的法治建设研究"的最终成果。该项目 2011 年立项（批准号 11BMZ003），2014 年结项（结项号 20141611）。课题结项后，笔者持续关注国家西部大开发政策的最新进展，关注西部大开发火热的实践，并对部分内容进行了更新。西部大开发是个重大而长远的国策，需要三十年、五十年甚至更长的时期，持续地不间断地深入实施。随着"一带一路"倡议的推进，西部大开发又迎来了新的契机。国家《西部大开发"十三五"规划》的出台，为新一轮西部大开发确定了路线图。笔者认为，本书涉及的西部大开发的七个重大问题，依然是深入实施西部大开发的焦点和难点。当初研究的问题并没有随着时间的推移而消失或变化，反倒愈加清晰和突出。这些问题过去、当下、未来都影响西部大开发的进程，有进一步研究的价值。需要说明的是，尽管本书名义上是西部大开发中的法治建设研究，实际上涉及的不单纯是法治方面的问题。在西部大开发中，法治问题往往和经济的、社会的、民族的、宗教的、生态的、资源的问题纠缠在一起，因此，笔者并没有纯粹地就法治谈法治，而是力图从问题导向出发，以法治为线索反映新一轮西部大开发中问题的全貌。只是由于笔者水平所限，只能从提出问题的角度进行浅显的描述，至于解决这些问题的良策，有待于来者和方家。

　　过去五年，我调换工作岗位，从青海省委党校到成都市委党校；从西部民族地区到位于西部的国家中心城市，对西部地区有了较为全面的认知；过去五年，我的研究方向随着工作的变动而改变，从民族问题、农村问题转变为治理问题、城市问题；过去五年，我经历了双亲辞世的酸楚，深感人生苦短的悲戚，方信"子欲养而亲不待"的古训。才知"父母在不远游"的圣人之言，是总结了多少教训的忠告！而我，在年迈的父母最需要关照的一段岁月里，决然选择了去远方。蓦然回首，已是灯火阑珊，正所谓"此情可待成追忆，只是当时已惘然"。正是这些原因，当课题完成结项以后，我没有心思及时静下心梳理书稿，直到现在才想到对过去、对自己有个交代，重新整理出版。

　　感谢中共成都市委党校（成都行政学院、成都市社会主义学院）对本书的出版资助；感谢中国社会科学院揣振宇研究员的关心；感谢中共青海省委党校民族宗教教研部主任关桂霞教授的指导和帮助；感谢中共青海省委党校何启林教授、张玉良教授的支持和帮助；感谢中国社会科学出版社梁剑琴编辑的辛勤劳动；感谢中共成都市委党校领导和同人给予帮助和支持。本书写作过程中，参考了许多学者的观点，借鉴了有关部门提供的资料，由于时间的关系，有一些未能一一标注，在此一并致谢。我的家人和友人分担了麻烦、付出了心血，顺便也谢谢他们。

薛成有

2017 年 7 月 2 日于成都市委党校